La Mort

DU

Prince Impérial

PAR

Adrien PAPILLAUD

Lettre de M. le Baron TRISTAN LAMBERT

La mort providentielle du duc de Reichstadt a été le châtiment de Brumaire; je vous jure que Décembre aussi sera châtié.

GAMBETTA.

DEUXIÈME ÉDITION

PARIS

NOUVELLE LIBRAIRIE PARISIENNE

ALBERT SAVINE, EDITEUR

12, rue des Pyramides, 12

Les Crimes Maçonniques

LA MORT

DU

PRINCE IMPÉRIAL

LA MORT
DU
PRINCE IMPÉRIAL

PAR

Adrien PAPILLAUD

Lettre de M. le Baron TRISTAN LAMBERT

> La mort providentielle du duc de Reichstadt a été le chatiment de Brumaire; je vous jure que Décembre aussi sera chatié.
>
> GAMBETTA.

PARIS

NOUVELLE LIBRAIRIE PARISIENNE

ALBERT SAVINE, ÉDITEUR

12, RUE DES PYRAMIDES, 12

1891

Tous droits réservés

Monsieur,

Vous êtes venu à moi sous les auspices
les plus honorables, m'ayant été présenté
par mon ami et ancien collègue, M. Roy de
Loulay, et guidé par le motif le plus respectable : celui de rendre un juste tribut
d'hommages et de regrets au prince chrétien et vaillant qui fut le Prince Impérial,
et celui de payer un autre tribut de respect,
tout aussi légitimement dû, à l'Impératrice
Eugénie, que sa triple couronne de douleur, comme femme, comme mère, comme
souveraine, non moins que son caractère
élevé et ses infortunes inouïes, chrétienne-

ment et royalement supportées, désignent justement à la vénération et à la respectueuse pitié de tous.

Votre curiosité m'a semblé louable et j'ai résolu d'y satisfaire de mon mieux.

Vous savez, Monsieur, qu'après la catastrophe du Zoulouland, mes réflexions mûries, j'ai le droit de le dire, sous l'œil de Dieu, et fort au dessus de tout intérêt humain, m'ont guidé vers la cause de la légitimité.

C'est donc, après dix ans d'une respectueuse et intime amitié d'enfance, après neuf ans de dévouement entier donnés au Prince Impérial malheureux et exilé, qu'après sa mort, absolument libre de tous autres engagements, je me suis consacré, sans réserves ni limites, à la royauté chrétienne et au droit historique dont Monsieur le Comte de Chambord a été, et dont Monsieur le Comte de Paris est, depuis Lui, le légitime représentant.

Conscient de tous mes devoirs, j'ai conservé, profond et intact, et vis-à-vis de tous, sans m'en faire naturellement le moindre mérite, mon immuable respect pour Celui que j'avais servi fidèlement, et pour Celle qui a, comme dernière épreuve, le malheur de lui survivre.

La politique n'a rien à voir aux questions que vous avez bien voulu me poser, et pour rien au monde je ne voudrais l'y introduire. Si j'ai rappelé la détermination que j'ai cru devoir prendre il y a douze ans, c'est uniquement parce que, d'une part, je ne veux tromper personne, et que, de l'autre, elle me semble établir davantage encore, non point ma véracité, je ne crois pas en avoir besoin auprès de ceux qui me connaissent, mais bien mon entière et exacte impartialité.

Vous me demandez d'abord, Monsieur, quels furent, à mon avis, les motifs qui déterminèrent la grave et subite décision du Prince Impérial de prendre part à la guerre du Zoulouland, qui se termina pour lui, par sa mort héroïque dans la catastrophe d'Ityotyosi.

Ils furent multiples, je les diviserai en trois groupes :

Ceux qui tenaient au caractère du Prince Impérial lui-même ; ceux qui tenaient à son patriotisme ; ceux qui tenaient aux milieux militaires et anglais dans lesquels le Prince Impérial vivait, lorsqu'éclata, comme un coup de foudre, à Londres, la nouvelle de la défaite d'Isandula, de l'horrible massacre qui la suivit, nouvelle qui causa en Angleterre et dans l'armée anglaise une émotion dont nous pouvons difficilement nous faire une idée en France, mais que l'on peut comparer, sans exagération aucune, moins le péril personnel et immédiat, à l'émotion profonde causée en 1870

à Paris, par la défaite glorieuse de Reichs-
hoffen.

D'autres motifs que ces trois, pour ma part, je n'en connais point, et, croyez-moi, il n'en exista point d'autres.

Chercher des causes inexactes, futiles ou romanesques à une détermination aussi grave prise par le Prince Impérial, qui avait pleine conscience de la hauteur de ses responsabilités et de ses devoirs, ne saurait convenir à qui prétend étudier les événements avec vérité, sans passion, et avec la résolution d'écarter le torrent de récits et d'imaginations, qui ne manquent jamais de surgir après un événement aussi inopiné, aussi funeste, aussi considérable.

La résolution du Prince Impérial fut amenée d'abord par son caractère.

Le prince était, dans toute l'acception du mot, un chevalier Chrétien et Français.

Napoléon, il aimait la gloire, et avait, dès

son plus jeune âge, intenté ses études et ses goûts sur les questions militaires; le sang qu'il tenait de sa mère, issue de l'antique et illustre race ducale des Guzman, lui avait donné l'amour de la chevalerie et des entreprises héroïques.

Enfant, ses plus belles fêtes étaient les revues, ses séjours au camp de Châlons au milieu de notre armée.

Adolescent, il était au milieu d'elle en 1870. Il y témoigna son sang-froid et son courage dans un premier engagement, non considérable, mais heureux cependant.

Il fut le témoin profondément attristé de nos premières douleurs, la défaite, la Révolution, la séparation des siens, l'exil vinrent augmenter ses peines.

Jeune homme, il étudia l'art militaire dans la première école d'Angleterre, il suivait avec passion, et avec amertume de ne pouvoir les imiter, les débuts de ses amis les plus intimes dans les rangs de notre armée.

Il aimait, il recherchait le péril pour lui. Jamais il n'y eût exposé les autres, et surtout il n'y aurait jamais abandonné personne.

Français, profondément Français, le Prince Impérial était pénétré de cette vérité que jamais les débats égoïstes et stériles des Parlements n'ont sauvé les Nations.

Il sentait que l'heure des crises suprêmes survenues, son énergie pouvait écraser le mal révolutionnaire qui mène la France au tombeau sous le nom de République, il voulait conquérir par un fait d'armes glorieux le renom nécessaire pour pouvoir commander un jour à ceux qui auraient résolu de sauver la Patrie au péril de leur vie. Les basses calomnies des pamphlets et des feuilles de la Révolution ne le laissaient point indifférent.

Il se sentait supérieur à leur venin, mais il voulait acquérir la gloire incontestable d'une action héroïque pour pouvoir encore mieux les confondre.

L'Angleterre, où il vivait, avait ressenti une émotion immense à la nouvelle des premiers désastres africains. Les jeunes officiers, ses compagnons d'étude à Woolwich, de manœuvres à Aldershot, partaient joyeusement pour la campagne d'Afrique, s'en réjouissaient, s'y préparaient devant lui. Il les écoutait rêveur; un des jours qui suivit, son tempérament ardent se résolut à les imiter.

A l'insu de tous, n'en ayant prévenu l'Impératrice que le fait accompli, pour éviter les obstacles et les alarmes de son anxieuse tendresse, il sollicita comme un honneur de partir pour l'Afrique australe et de partager les fatigues et les dangers de ses compagnons de l'école d'artillerie; son insistance, son charme, la douleur que les premiers refus lui occasionnèrent, triomphèrent de toutes les difficultés, et le départ du Prince Impérial fut décidé.

Voilà les trois motifs qui déterminèrent ce départ, il n'en est point d'autres qui, pour moi, méritent l'examen ; toute autre allégation n'appartient point à l'histoire et l'on ne saurait, suivant moi, s'arrêter, soit à ce qui n'existait point, soit à ce qui ne pesa d'aucune façon sur sa généreuse mais téméraire résolution, à laquelle, prévenu tardivement du reste, je m'opposai cependant de tout mon pouvoir, mais sans la moindre apparence de succès par ailleurs.

Poussant plus loin vos interrogations vous me demandez, monsieur, mon impression sincère sur les rapports qui existaient entre le Prince Impérial et l'Impératrice, entre le fils et la mère,

En toute vérité, ils étaient, de part et d'autre, empreints d'une profonde tendresse.

Tendresse déférente de la part du fils, tendresse passionnée de la part de la mère.

J'ai vécu de longues années, et passé de longs temps avec eux, je n'ai jamais eu à constater que l'affectueux respect manifesté avec ce tact de parfaite gentilhommerie, qui était le caractère distinctif du Prince ; que l'affection ardente et passionnée témoignée par l'Impératrice, et qui revêtait ce triple caractère : de la mère à son fils ; de la femme qui a tout perdu, à l'unique amour qui lui reste ; de la souveraine, au dernier espoir de sa dynastie. Le Prince Impérial jouissait, à tous égards, d'une entière liberté, il n'en mésusa jamais, et rien ne vint ternir l'admirable dignité de sa vie. Des divergences, des discussions qui pouvaient surgir entre deux natures aussi ardentes, aucune ne m'a jamais paru sérieuse, non plus que dépasser les bornes de l'inquiète et jalouse tendresse d'une mère qui n'a plus rien au monde que son fils, et qui parfois se prend involontairement à oublier qu'elle a devant soi un homme et non plus un enfant; qui voudrait écarter de sa route tous les dangers et toutes les intrigues, d'une part; de l'autre, le sentiment impatient du jeune homme qui, conscient de sa force, trouve inutiles les sollicitudes et les précautions accumulées par la tendresse alarmée de la mère.

Pour me résumer : je souhaite à toutes les mères un fils affectueux, déférent et tendre comme l'était le Prince Impérial ; je souhaite à tous les fils d'être aimés et veillés par une affection aussi ardente et aussi profonde que l'était celle de l'Impératrice.

Je l'ai vue au chevet de son fils malade,

et rarement j'ai assisté à un spectacle aussi touchant.

Nul jeune homme n'eut une existence aussi respectable, aucun n'occasionna jamais moins de chagrins à ceux qui l'aimaient ; nul non plus, toute question politique à part, ne laissa derrière lui un plus grand nombre d'affections et de dévouements ; nul ne mérita davantage les regrets et les respects.

Profondément catholique, digne filleul de l'immortel et saint Pie IX, sa dernière visite sur la terre d'Europe fut pour cette petite église de Chislehurst où reposait son père, et où je l'accompagnai seul quand le 26 février, une heure avant son départ, il s'y rendit dès l'aube, pour y recevoir son Dieu.

Son affection filiale donna aussi sur cette terre d'Europe son dernier regard et son dernier embrassement à sa mère, dont les

larmes et l'affaissement douloureux sem-
blaient prophétiser la catastrophe prochaine, et pleurer par avance sur le deuil
du lendemain.

Telles sont, Monsieur, les réponses que
je donne, en toute vérité, à vos interrogations, à votre curiosité légitime sur des
faits qui appartiennent désormais à l'histoire. Souvent, c'est le caractère propre des
grands drames de ne comporter ni le mystère, ni le secret, ni rien qui approche du
roman. Croyez-moi, c'est ce caractère de
grandeur simple et de noble et sereine
tranquillité, qui ont marqué les résolu-
tions prises à cette époque par le Prince
Impérial.

Quant à sa vie, elle était limpide et pure
comme le cristal de roche, et c'est avec
pleine vérité et pleine justice que le Cardi-
nal-Primat d'Angleterre a pu, en pronon-
çant son oraison funèbre, le proposer

comme un exemple à tous les chrétiens, comme un modèle de vertus à tous les jeunes gens, et d'héroïsme à tous les soldats.

Dans sa dernière prière, il s'offrait en sacrifice à Dieu pour le salut de tous. Il termina les rares paroles politiques qu'il prononça par ces mots : « Que Dieu veille sur la France et lui rende sa prospérité et sa grandeur. »

Je termine sur cette phrase et sur ce noble vœu. Puisse Dieu, Monsieur, exaucer la prière de celui qui fut l'un de ses plus nobles enfants et replacer bientôt la Fille aînée de l'Église au rang que Dieu lui a assigné parmi les nations et pour le service de sa cause, c'est-à-dire au premier.

Baron TRISTAN LAMBERT.

INTRODUCTION

Le 1ᵉʳ juin 1879, le Prince Impérial, après une lutte héroïque, soutenue seul contre vingt sauvages féroces, tombait face à l'ennemi, frappé de dix-neuf blessures toutes reçues par devant, dans une vallée reculée de l'Afrique australe. Pourquoi le Prince Impérial a-t-il succombé ainsi ?

Uniquement parce qu'il a été abandonné !

Pourquoi a-t-il été abandonné ? Comment ?

C'est ce qui **va** faire le sujet de cette étude, où, après avoir réuni de graves et multiples documents, nous laisserons au lecteur le soin de prononcer et de conclure.

Il y a deux façons, pour les honnêtes gens, d'envisager la Franc-Maçonnerie. L'une consiste à dire : « Ah ! les Francs-Maçons, on a grand tort de s'en occuper ! En quoi sont-ils dangereux ? Ils se réunissent de temps en temps, pour manger et surtout pour boire. A la fin de leurs agapes ils chantent des refrains plus ou moins égrillards. Ils aiment à se couvrir de rubans, et à se rendre ridicules. Mais ce sont des gens bien inoffensifs. A qui donc voulez-vous qu'ils fassent du mal ? Personne ne les craint, d'ailleurs, mais chacun se moque et d'eux et de leurs farces. »

L'autre, beaucoup plus juste, s'exprime ainsi : « Qui dit Société secrète, dit chose dangereuse. Si les Francs-Maçons n'étaient que des poussahs ridicules et grotesques, ils ne prendraient pas le soin de se cacher comme ils le font. S'ils ne songeaient qu'à la vaine gloriole des rubans jaunes dont ils s'attiffent, ils inviteraient au contraire le plus de monde possible à venir les voir dans leur costume de mascarade. S'ils ne le font pas, c'est qu'ils ont de bonnes raisons pour se cacher. »

Il est vrai que la première opinion tend à disparaître de plus en plus. Bien des gens, qui considéraient, il y a quelques années à peine, les Francs-Maçons comme un ramassis d'orgueilleux abrutis ont aujourd'hui changé d'avis. Les exploits de la secte commencent à percer au grand jour. Chacun aujourd'hui peut se rendre compte, et de la formidable organisation de la Franc-Maçonnerie, et du danger permanent qu'elle est pour toute société organisée pour le bien.

En France, elle tient aujourd'hui le haut du pavé, commandant aux ministres, régnant en souveraine maîtresse au Parlement, distribuant toutes les charges, tous les emplois. Pendant de nombreuses années elle a lutté par le poignard et par le poison, elle est maintenant arrivée à ses fins. Elle tient le pays et elle le perdra, car l'essence même de la Franc-Maçonnerie, sa raison d'être c'est la destruction. Il n'y a plus que les Francs-Maçons qui puissent espérer des places, les honneurs et la renommée, à tel point qu'un jeune avocat, plein de talent et de force, nous disait il y a quelques jours : « Pour arriver, il me faudrait maintenant entrer dans la Franc-Maçonnerie. Mais ces gens-là m'ont toujours dégoûté, je préfère risquer de tomber que de leur devoir quelque chose. »

Ils ont commis les crimes qu'ils avaient à commettre, pour arriver à tenir la France. Aujourd'hui qu'ils ne paraissent pas menacés dans leur existence, ils se reposent. Le jour où on les attaquera à nouveau, ils reprendront leur poignard d'autrefois et ceci durera jusqu'au jour où un gouvernement vraiment fort les écrasera à jamais.

Pour bien montrer et ce qu'est la Franc-Maçonnerie et quels dangers présentent ces gens réunis pour le mal, et soudés par le crime, nous nous permettrons de citer les quelques pages suivantes, que nous trouvons dans le *Préambule des Assassinats Maçonniques* de MM. Léo Taxil et Paul Verdun, un livre d'histoire qui a été et qui restera un des plus formidables réquisitoires écrits contre la secte :

« De temps en temps, depuis un siècle, se commet un crime dont les circonstances extraordinaires étonnent le peuple et excitent les recherches des penseurs.

« La victime appartient au monde politique, comme le duc de Berry, le comte Pellegrino Rossi, le maréchal Prim, Garcia Moreno, Gambetta ou le préfet Barrême ; elle appartient à la police comme Saint-Blamont et divers personnages mêlés à l'affaire de la banque d'Ancône ; elle appartient à la presse, comme le journaliste américain William Morgan.

« Les assassins, quand ils sont découverts, n'apparaissent point comme ayant agi sous l'influence des passions qui d'habitude portent les meurtriers au crime. Ils connaissent peu leur victime, n'ont aucun motif ordinaire de lui en vouloir ; ils ne tuent ni sous l'empire de la jalousie, ni sous celui d'une haine personnelle ; ce n'est point non plus pour voler, du moins pour leur propre compte.

« De ces assassins, les uns disparaissent à la faveur des troubles politiques ; les autres échappent aux recherches et au châtiment, soit parce qu'ils sont trop haut placés, soit parce qu'ils sont puissamment protégés ; ceux enfin qui se laissent prendre sont des fanatiques qui ont obéi à une passion politique, à un ordre donné par des chefs qui restent inconnus.

« Peu à peu, cependant, malgré les obstacles qu'y apportent ceux qui, de près ou de loin, ont trempé dans les crimes, malgré les fausses pistes sur lesquelles les orateurs et les écrivains sectaires essaient de lancer les chercheurs, la vérité se dégage et se montre en son plein jour.

« Ce sont des aveux qui échappent dans l'ivresse et qui sont recueillis ; ce sont des écrits que l'on trouve, lettres, confessions, testaments ; ce sont des révélations qui échappent à un mourant saisi par le remords et l'angoisse, en face de l'éternité ; c'est enfin le papier que l'on retire de la fosse où a été jeté le cadavre de la victime et qui porte la signature de l'assassin.

« Alors, aveux, écrits, révélations se complètent les uns par les autres. Ils montrent à qui remonte la responsabilité de ces crimes, à la grande puissance satanique du siècle, à la Franc-Maçonnerie. Preuves en mains, l'on constate que ceux-ci ont été assassinés pour avoir combattu la secte dont ils avaient autrefois fait partie ; que ceux-là ont payé de leur sang le service qu'ils avaient rendu aux honnêtes gens en révélant le véritable but et les pratiques de cette Société, qui se prétend, par un odieux mensonge, une simple Société de philanthropie, et qui est en réalité une école de corruption et d'assassinat.

« Certaines gens qui n'ont point étudié la Franc-Maçonnerie dans ses doctrines et dans ses pratiques, seront peut-être tentées d'accuser d'exagération les paroles qui précèdent. Elles diront : « Nous connaissons M. Un-Tel et M. Tel-Autre, qui sont francs-maçons. Ils n'ont pas les mêmes opinions que nous, c'est vrai ; mais ils sont pourtant de fort honnêtes gens. Ils n'ont jamais assassiné personne, et nous jurerions sur notre tête qu'ils n'auront jamais la plus petite idée de tuer qui que ce soit. »

« D'accord; mais c'est qu'alors les francs-maçons dont vous parlez ne sont pas arrivés au trentième degré de la hiérarchie maçonnique, c'est qu'ils n'ont pas encore reçu le grade de Chevalier-Kadosch.

« Ils croient encore naïvement ce qu'on leur a dit lorsqu'on les a engagés à s'enrôler dans la secte, ce que le frère Clavel écrit dans son *Histoire pittoresque de la Franc-Maçonnerie*.

« La Franc-Maçonnerie, prétend-il, est une institution progressive, dont les membres vivent en frères sous le niveau d'une douce égalité. Là sont ignorées les frivoles distinctions de la naissance et de la fortune et ces autres distinctions plus absurdes encore des opinions et des croyances...

« Le franc-maçon est citoyen de l'univers; il n'existe aucun lieu où il ne ren-

2.

contre des frères empressés à le bien accueillir, sans qu'il ait besoin de leur être recommandé autrement que par son titre; de se faire reconnaître d'eux, autrement que par les signes et mots mystérieux adoptés par la grande famille des initiés.

« L'assassinat nous semble tellement bas et vil, sa pensée est si éloignée de notre esprit, à nous autres qui sommes nés dans une société toute pénétrée des principes de l'Évangile, que nous n'imaginons qu'à grand'peine que des hommes civilisés puissent l'admettre comme un moyen ordinaire, juste, légal de domination.

« Celui qui entre dans la Franc-Maçonnerie le fait poussé par une vanité sotte, par la curiosité, par l'intérêt ou par l'amour du plaisir.

« C'est un vaniteux qui veut faire partie d'une Société, qui veut porter des rubans, s'affubler de cordons, s'orner d'insignes avec l'espérance d'arriver un jour dans de hauts grades dans lesquels il sera l'objet de témoignages de respect de la part des autres naïfs.

« Ou bien c'est un curieux auquel on a glissé dans l'oreille d'un air de mystère que la Franc-Maçonnerie « conserve religieusement un secret qui n'est et ne peut être que le partage des seuls francs-maçons. »

« Souvent c'est un ambitieux qui veut faire son chemin dans la politique et qui compte mettre à profit, en ce but, les relations qu'il se créera dans les Loges. De son côté, le négociant espère, grâce à ces mêmes relations, étendre le cercle de ses pratiques.

« L'homme de plaisir, enfin, sait que les Frères Trois Points se réunissent souvent dans les banquets « où la bonne chère et les vins généreux excitent la joie et resserrent les liens d'une fraternelle intimité.» Il aperçoit peut-être aussi d'autres horizons que lui fait entrevoir par quelques paroles discrètes le franc-maçon qui l'attire à la secte.

« Ainsi, dit le F∴ Clavel, l'on a des arguments pour tous les penchants, pour toutes les vocations, pour toutes les intelligences et pour toutes les classes. »

« Or, il est évident que, parmi les vaniteux, les curieux, les ambitieux et les hommes de plaisir qui se font initier, bien peu seraient capables, le jour de leur réception, de commettre un crime; bien peu également portent en eux les qualités(?) nécessaires pour devenir Chevalier Kadosch, c'est-à-dire assassins patentés de la Franc-Maçonnerie.

« Les grades nombreux qui constituent la hiérarchie de la secte ont justement pour but: 1e de procéder à des éliminations successives des adeptes; de laisser dans les rangs inférieurs ceux dont les chefs occultes n'attendent que peu de services ; de faire, au contraire, monter aux rangs supérieurs les hommes intelligents et déterminés, capables d'accroître la puissance de l'Ordre ; 2° de former les élus, choisis par ces sélections progressives, aux rôles qu'ils sont appelés à jouer.

« Sélection, éducation, ces deux mots résument et expliquent toute la hiérarchie maçonnique.

« Et cette hiérarchie est combinée avec une science si profonde, qu'elle conduit forcément l'homme qui la gravit à la perversion totale de la conscience. En l'étudiant, on y sent à chaque instant l'empreinte de la griffe du Maître dont la secte pleure les malheurs, de l'archange déchu que rêve de venger la Franc-Maçonnerie, la veuve de Satan.

« C'est dès le premier jour où il entre dans la secte que le franc-maçon, qui sait comprendre à demi-mot, commence son éducation. Il n'est pas encore reçu apprenti, il n'est que profane, et déjà il entend le Vénérable, qui procède à son initiation, lui dire, en appuyant sur sa poitrine nue la pointe d'une épée :

« — Monsieur, ce fer, toujours levé pour punir le parjure, est le symbole du remords qui déchirerait votre cœur, si, par malheur pour vous, vous deveniez traître à la Société dans laquelle vous voulez entrer... Les qualités que nous exigeons pour être admis sont la plus grande sincérité, une docilité absolue, une constance à toute épreuve. La Franc-Maçonnerie, laissant à chacun sa liberté de croyance, s'affranchit de toute domination religieuse. »

MM. Taxil et Verdun nous font ensuite assister aux diverses initiations du nouveau franc-maçon.

Ils nous font voir les changements qui

doivent s'opérer dans le cœur du malheureux initié, qui voit peu à peu battre en brèche et détruire tous les dogmes fondamentaux non seulement de la religion, mais de la famille, de la propriété, mais de l'honnêteté elle-même.

Tout a été mis en œuvre, l'orgueil comme la luxure. Si le nouveau frère paraît accepter toutes ces théories monstrueuses, on en fera un Chevalier Kadosch.

Quand il arrivera à ce grade, voyez alors ce dont il ne sera pas capable !

« En entrant dans le dix-neuvième degré, l'initié pénètre dans la Maçonnerie Noire. Il n'a plus grand'chose à apprendre pour devenir un assassin parfait et pratique; aussi, à partir de ce moment, s'avance-t-il à pas de géant vers le grade de Chevalier Kadosch. »

« Et alors ce sont de nouveaux serments de ne jamais faiblir dans l'exécution des

ordres reçus ensuite des jugements portés
par les autorités maçonniques ; c'est l'ado-
ration directe et cultuelle de Lucifer ; c'est
l'abrutissement progressif par la pratique
de la Magie ; puis des hommages rendus à
Satan sous la forme d'un serpent. Et toujours la même pensée est enfoncée de plus
en plus profondément dans l'esprit du
sectaire : « Les chevaliers de la Maçonnerie
donneront au peuple la liberté, et la liberté
ne s'obtient qu'en brisant impitoyable-
ment, avec de l'audace et du courage, [les
chaînes pesantes du despotisme civil, religieux, militaire et économique. »

« Et l'initié réitère ses serments « d'obéir
toujours et quand même aux ordres qui lui
seront hiérarchiquement transmis. » Il
évoque Satan, dont il a fait son Dieu. Il
l'évoque suivant le rituel de haute-magie,
rédigé par un prêtre apostat qui s'appelait
Constant ; il l'adore sous la figure du Ba-

phonet, idole infâme à la tête et aux pieds
de bouc, aux seins de femme et aux ailes de
chauve-souris. Enfin, il est jugé digne
d'être reçu Chevalier Kadosch.

« A cette initiation suprême, il frappe de
coups de poignard une tête de mort surmon-
tée d'une tiare, représentation de la papauté,
et une autre tête ornée d'une couronne
royale, emblème de la puissance civile. Il
se prosterne devant un triangle renversé,
image de Lucifer et brûle l'encens sur son
autel.

« Au neuvième grade, celui de maître élu
des Neufs, on a donné l'ordre au récipiendaire de frapper une forme que, dans l'obscurité presque complète, il a pu prendre
d'abord pour un homme endormi, mais
qu'il n'a pas tardé à reconnaître pour un
mannequin. Malgré tous les discours qu'on
lui a tenus, malgré tous les serments de
vengeance qu'on lui a fait prêter, il se peut

donc que l'initié se fasse à lui-même le raisonnement suivant : « Jusqu'à présent on ne m'a ordonné de frapper que des images, ce qui avait peu d'importance. Les discours de vengeance que j'ai entendu prononcer avaient simplement un sens allégorique ; il en sera toujours de même et jamais je ne recevrai l'ordre de poignarder un homme en chair et en os. Je puis donc aller de l'avant et me faire recevoir ChevalierKadosch, cela ne tirera pas autrement à conséquence. »

« La secte ne l'entend pas ainsi ; elle veut avoir sous la main des hommes véritablement capables de mettre à exécution les jugements qu'elle porte. Elle sait que le gredin le plus déterminé en paroles, peut faiblir quand il s'agit de verser réellement le sang et d'exposer sa peau ; aussi, avant d'introduire l'initié plus avant dans ses secrets, lui impose-t-elle une épreuve épouvantable. Voici en quoi elle consiste :

« On s'est procuré un mouton vivant que l'on attache sur un banc, le ventre en l'air, et dont on a rasé de près le côté gauche. La bête est solidement muselée, de façon à ne pouvoir faire entendre le moindre gémissement. A la tête du banc est accroupi un Frère qui imite les soupirs d'un homme garrotté et baillonné.

« Le Grand-Maître et les Officiers de l'aréopage, qui procèdent à l'initiation, sont présents. On amène le récipiendaire dont la tête est enveloppée d'un voile noir qui l'empêche de voir quoi que ce soit.

Le Grand-Maître lui dit alors : « Frère, quand tu fus reçu au grade d'élu, tu vengeas symboliquement la mort d'Hiram. Aujourd'hui, il ne s'agit plus de frapper des mannequins, ni de traverser de ton poignard des têtes depuis longtemps privées de la vie... Tu sais qu'il n'est de si belle institution qui ne contienne des traîtres. Un misérable, appartenant à un atelier de notre obédience, a trahi, il y a peu de temps, notre cause sacrée, et nous avons pu nous emparer de lui... Il est là; sa dernière heure est venue... Entends les grondements de rage qu'il pousse, sachant que le châtiment va s'accomplir et qu'il ne peut plus y échapper... Solidement bâillonné, il voudrait du moins, peut-être, avant d'expirer sous les coups de notre juste vengeance, nous jeter une suprême insulte; mais cette bouche, qui a trahi nos secrets, ne doit plus s'ouvrir, cette langue parjure ne doit plus parler... Frère, ton initiation de ce jour te vaut l'honneur de faire justice... Assure-toi d'abord par ta main de l'endroit où tu vas frapper, et qu'ensuite ton bras vengeur ne tremble pas! »

« Alors le Frère qui fait l'office de Grand-Introducteur, prend la main gauche du récipiendaire et la pose sur le corps palpitant du mouton, à l'endroit qui a été rasé. L'initié sent la chaleur de la peau, le cœur qui bat effrayé ; il entend le Frère, qui imite les soupirs d'un prisonnier garrotté, redoubler ses gémissements et râler le mot de « grâce ! » ; il croit fermement que c'est le corps d'un traitre qu'il palpe de ses doigts tremblants d'émotion.

« — Frappe ! » commande le Grand-Maitre.

« Le récipiendaire lève son bras et frappe, ayant la conviction qu'il commet un assassinat.

« Dès qu'il a frappé, le candidat Kadosch est entrainé dans une autre salle ; on enlève l'épais voile noir qui recouvrait sa tête ; il voit ses mains teintes du sang qui, sous la violence du coup, a jailli de la blessure. Ensuite, on lui apporte sur un plateau le cœur chaud de la victime. Il se dit que ce cœur est celui d'un Frère traitre à l'Ordre ; il le pique de la pointe de son poignard et le rapporte ainsi au Grand-Maître qui le félicite de son courage.

« On comprend, dès lors, que l'initié prête, avec connaissance de cause, le serment du grade : « Je m'engage et m'oblige à maintenir, fut-ce au péril de ma vie, les principes sacrés de notre Ordre et à les défendre de tous mes moyens contre le fanatisme, la tyrannie et la superstition. Je jure de me conformer en tout et toujours aux lois et statuts de la Franc-Maçonnerie et aux ordres de l'autorité du Suprême Conseil. »

« Le Chevalier Kadosch évoque Satan suivant les formules du rituel de haute magie ; ensuite, il récite l'Oraison à Lucifer, composée par le F∴ Proudhon :

« Viens, Lucifer, viens ! ô le calomnié des prêtres et des rois ! Viens que nous t'embrassions, que nous te serrions sur notre poitrine ! Il y a longtemps que nous te

connaissons et que tu nous connais aussi.
Tes œuvres, ô le béni de notre cœur, ne sont
pas toujours belles et bonnes aux yeux du
vulgaire ignorant ; mais elles seules donnent un sens à l'univers, et l'empêchent
d'être absurde. Toi seul anime et féconde le
travail. Tu ennoblis la richesse ; tu sers
d'essence à l'autorité ; tu mets le sceau à la
vertu...

« Et toi, Adonaï, dieu maudit, retire-toi,
nous te renions ! Le premier devoir de
l'homme intelligent et libre est de te chasser
de son esprit et de sa conscience ; car tu es
essentiellement hostile à notre nature, et
nous ne relevons aucunement de ton autorité. Nous arrivons à la science malgré toi,
au bien-être malgré toi, à la société malgré
toi, chacun de nos progrès est une victoire
dans laquelle nous écrasons ta divinité.

« Esprit menteur, dieu imbécile, ton
règne est fini, cherche parmi les bêtes d'au-

tres victimes. Maintenant te voilà détrôné et brisé. Ton nom, si longtemps le dernier mot du savant, la sanction du juge, la force du prince, l'espoir du pauvre, le refuge du coupable repentant, eh bien, ce nom incommunicable, Père Eternel, Adonaï ou Jéhovah, désormais voué au mépris et à l'anathème, sera conspué parmi les hommes ! car Dieu, c'est sottise et lâcheté ; Dieu, c'est hypocrisie et mensonge ; Dieu, c'est tyrannie et misère ; Dieu, c'est le mal!..

« Tant que l'humanité s'inclinera devant ton autel, l'humanité, esclave des rois et des prêtres, sera réprouvée ; tant qu'un homme, à ton nom exécrable, recevra le serment d'un autre homme, la société sera fondée sur le parjure ; la paix et l'amour seront bannies d'entre les mortels...

« Dieu, retire-toi ! car, dès aujourd'hui, guéris de ta crainte et devenus sages, nous jurons, la main élevée vers ton ciel, que tu n'es que le bourreau de notre raison et le spectre de notre conscience ! »

« Cette oraison à Lucifer, qui résume la doctrine, l'amour et les haines de Kadosch, est épouvantable. Nous défions qui que ce soit, catholique, protestant, mahométan, tout homme, fût-ce le plus grand criminel, ayant conservé au fond du cœur quelque sentiment honnête, de la lire sans la trouver abominable.

« A qui obéissent les Chevaliers Kadosch? A la Maçonnerie Blanche divisée en trois grades administratifs, et dont voici la doctrine finale résumée d'après les rituels :

« La Franc-Maçonnerie n'est rien de plus, rien de moins que la Révolution en action, la conspiration en permanence contre le despotisme politique et le despotisme religieux...

« C'est la lutte à outrance contre des ennemis déterminés. Partout où cette lutte

3.

peut s'entamer avec probabilité de succès, les maçons doivent être là et lutter, jusqu'à ce que mort ou triomphe s'en suive...

« C'est la religion qui doit-être le souci constant de leurs attaques meurtrières, parce qu'un peuple n'a jamais survécu à sa religion et que c'est en tuant la religion que les frères auront à leur merci la Loi, la Propriété, et pourront établir sur leurs débris la Religion maçonnique, la Loi maçonnique, la Propriété maçonnique. »

Eh bien, cet homme est-il capable de commettre un assassinat ? Assurément oui, et ce serait folie que de prétendre le contraire.

Dans la longue série de crimes qui forme son histoire, la Franc-Maçonnerie a toujours agi de l'une des façons suivantes vis-à-vis des princes ou des puissants qui la gênaient.

L'homme qui avait vis-à-vis d'elle pris

des engagements, et qui ne les exécutaient pas jusqu'au bout, était condamné.

L'homme qui, tout en subissant le joug de la secte, pouvait cependant l'abandonner, devait périr. Exemple : Gambetta.

Enfin lorsqu'un Prince représentait à lui seul l'avenir de sa dynastie, et que d'un autre côté ce Prince était connu pour avoir la ferme résolution de combattre les sociétés secrètes, la justice maçonnique décidait immédiatement sa mort. C'est ce qui est arrivé pour le duc de Berry et, à notre avis, pour le Prince Impérial.

Profondément catholique, le Prince Impérial connaissait à fond les dangers et les perfides trames de la Franc-Maçonnerie et des sectes secrètes.

Il avait résolu de les écraser, et de soustraire la France à cette domination occulte, internationale, ou pour mieux dire sans patrie, et si dangereuse.

Dès son jeune âge, à quinze ans, il avait affirmé et promis à l'un de ses amis de qui je tiens le fait, M. le baron Tristan Lambert, qui lui en démontrait les dangers et les perfidies, que jamais, sous aucun prétexte, même honorifique, même de charité, sous le couvert de n'importe quel intérêt fallacieusement invoqué, il ne donnerait à n'importe quelle secte même le plus minime engagement ou acquiescement.

Or, le Prince Impérial était le seul fils de Napoléon III, le Prince Impérial personnifiait la légende napoléonienne. La Franc-Maçonnerie a-t-elle fait pour le Prince Impérial ce qu'elle avait fait pour le duc de Berry ? C'est ce que nous allons voir.

LA MORT
DU
PRINCE IMPÉRIAL

CHAPITRE PREMIER

La Situation politique de la France en 1879

Dans son numéro du 1ᵉʳ janvier 1879, *la Marseillaise* disait, sous la signature transparente d'Henri Rochefort :

« L'année 1878 a été l'année de la
« patience, de la résignation et de la con-
« fiance dans l'avenir. Tout le long, le
« long du chemin, ceux qui nous con-
« duisent, nous disaient : Allons cou-
« rage, nous approchons, encore un
« effort, nous arrivons, gagnons 1879.
« Nous y sommes. Nous attendons sa-
« laire et prébende. C'est à nous d'exiger

« que 1879 acquitte les dettes de 1878. »

Tel était le riant avenir qui souriait à la France : être jetée en pâture à la démagogie.

Rien ne pouvait plus arrêter le mouvement. La République conservatrice de M. Thiers n'existait plus, et la République démagogique, *dirigée par Gambetta, allait la remplacer.*

On sortait alors de cette période du 16 mai, période funeste et néfaste pour le parti de l'ordre. Le maréchal de Mac-Mahon, mal dirigé, mal conseillé, s'était arrêté au beau milieu de la route : le coup de balai tant attendu n'avait point été donné et le parti républicain revenait au pouvoir, bien décidé à abuser de sa victoire.

Le Maréchal qui, dans un de ces moments de courage civique, si rares dans sa carrière d'homme politique, s'était écrié : « J'y suis, j'y reste », allait bientôt devoir s'en aller. La prophétie de Gambetta se réalisait au-delà de toute espérance. Après s'être soumis, le Maréchal allait se démettre.

La Chambre du 14 octobre était entrée dans la voie des violences avec la rancune pour drapeau, la haine pour guidon : les conservateurs fauchés et décimés par les sauvages invalidations, payaient de leur mandat la faute d'avoir cru à la parole du Maréchal-Citoyen.

Un mois ne s'était pas écoulé depuis le jour où Rochefort demandait au nom des radicaux « salaire et prébende », que le président de la République, trahi et bafoué par le parti républicain, honni et méprisé par le parti conservateur, s'évadait de l'Élysée par une porte de dégagement, qu'il eut la bonne fortune de trouver là toute grande ouverte.

La voie était libre. Les Gauches allaient enfin avoir à la tête du gouvernement un président de leur choix : ce fut M. Grévy, le même qui avait quelques vingt ans auparavant armé la main du régicide Alibaud. Avec un homme de cet acabit, la prébende était assurée.

Le lendemain de l'élection du président, la Chambre marquait encore plus clairement ses tendances en choisissant Gambetta pour présider ses travaux.

Entre temps des élections sénatoriales avaient eu lieu. Le maquignonnage éhonté des voix fit passer presque partout les candidats républicains, et le Sénat compta alors une majorité républicaine de 57 voix. La dernière digue était emportée. Le Sénat, sur la sagesse duquel on pouvait compter, le Sénat, qui devait être le dernier refuge de l'ordre menacé, ne fut plus qu'un instrument docile entre les mains de la faction avancée.

Déjà, les hommes clairvoyants avaient la vision de ce qu'allait être l'avenir. La liberté de conscience allait être foulée aux pieds; les portes de la France allaient bientôt s'ouvrir devant les assassins et les incendiaires de la Commune, assoiffés de prendre leur revanche; l'agiotage et la la concussion allaient devenir monnaie courante, du haut en bas de l'échelle gouvernementale.

La République avait donc marché de l'avant, mais était-elle devenue républicaine?

Non, elle était devenue gambettiste.

Un seul homme avait opéré cette transformation si subite et si complète. Lui seul avait fait échouer le 16 Mai, pauvre gouvernement pusillanime qui, entré dans la voie des violences, n'avait même pas osé faire arrêter ce dangereux lutteur. Lui seul avait organisé la résistance. La lutte s'était bientôt circonscrite entre le Président de la République et le *leader* de la Gauche, et tandis que celui-ci montait au fauteuil présidentiel du Palais-Bourbon, celui-là s'en allait comme un chien qu'on fouette.

Doué d'une remarquable intelligence, possédant, au suprème degré, l'art oratoire qui plaît à la foule et qui enlève les masses, dévoré d'une insatiable ambition, Gambetta avait voulu transformer la République, non pas pour en faire le gouvernement idéal, digne d'une grande nation comme la France, mais pour en faire un gouvernement à lui, sa chose, non pas publique, mais privée.

S'il eût eu devant lui des lutteurs de son envergure, nul doute que les fanfaronnades du cyclope de Belleville se seraient vite évanouies à l'aspect de quelques tricornes. Heureusement pour lui, il ne trouva que des fantoches de ministres, qu'une ombre de gouvernement, et il réussit.

Maintenant il était tout-puissant.

L'Élysée, il le tenait par le vieillard impotent qu'il y avait casé comme dans une niche.

Le Sénat le craignait comme on craint celui qui tient votre existence entre ses mains.

La Chambre ne voyait que par lui, s'esclaffant à ses bons mots de basochien en goguette, applaudissant à toutes ses incartades de président mal élevé.

Gambetta, c'était l'armée du désordre, c'était la terreur pour les bons, c'était la révolution toujours menaçante et c'était le gouvernement!

Et contre ce gouvernement qui y avait-il à lutter? Quel parti pouvait faire craindre à la République une expiation prochaine? Quel homme pouvait devenir, pour Gambetta, le justicier, pour la France, le sauveur?

Un seul parti était capable de lutter; un seul homme était susceptible de vaincre. Ce parti, c'était le parti bonapartiste ; cet homme, c'était le Prince Impérial.

Le parti conservateur, pas encore relevé de son échec du 16 Mai, avait à sa tête trois prétendants. Deux représentaient la royauté légitime, le troisième personnifiait l'empire.

Le comte de Chambord, drapé dans sa dignité, habitué dès sa plus tendre enfance à attendre le moment fixé par Dieu pour recouvrer le trône de ses pères, restait là-bas, en Autriche, sans volonté, sans audace.

Le comte de Paris, entouré d'un faible état-major, où la qualité compensait heureusement la quantité, espérait, avec ses partisans, que le jeu régulier des institutions parlementaires lui apporterait un jour le sceptre et la couronne.

Donc, rien à craindre pour la République du côté des royalistes.

Mais il n'en était pas de même du parti

bonapartiste. Solidement groupé et uni autour d'un chef jeune, ardent, aimé de tous, conduit par les conseillers les plus intimes de Napoléon III, par ceux-là mêmes qui avaient su, pendant dix-huit ans, donner à la France un gouvernement digne d'elle, le parti bonapartiste ne demandait pas mieux que d'entrer franchement en lutte avec le gouvernement établi. Les légendes idiotes, les racontars mensongers, qui avaient circulé après la chute de l'empire, avaient fait leur temps. Le pays, foncièrement napoléonien, s'était enfin ressaisi et comprenait que seul le représentant de l'empire, le fils de son vieil empereur, pouvait lui rendre la prospérité et le bonheur.

Plus que tout autre en France, Gambetta avait sainement jugé la gravité de la situation. La légende napoléonienne, qu'il avait cru à jamais ensevelie à Sedan, ressuscitait plus vivace que jamais.

Goritz et Eu étaient pour lui des quantités négligeables, Chislehurst l'épouvantait.

Le Prince Impérial, c'était son cauchemar, et le Prince Impérial disparu, le cauchemar s'évanouissait. Ne laissant pas d'héritiers directs, mais seulement des collatéraux qui, sans aucun doute, se disputeraient l'héritage, le fils de Napoléon III personnifiait seul ce mouvement.

Gambetta le comprit et, dans un moment d'ivresse, alors qu'entouré de ses plus fidèles mamelucks il escomptait l'avenir et détaillait la France, il s'écria :

« La mort providentielle du duc de Reichstadt a été le châtiment de Brumaire. Je vous jure que Décembre aussi sera châtié. »

CHAPITRE II

Le Prince Impérial est sacrifié

Le Prince Impérial avait alors vingt-trois ans. Grand, fort, adorant les exercices violents, ayant pour l'équitation un goût immodéré, celui que la France appelait toujours le *petit prince*, était le modèle accompli du gentilhomme au cœur droit, au bras robuste.

A sa majorité, il avait accepté avec une indomptable énergie le lourd fardeau politique que lui avait imposé son illustre origine.

Bienveillant pour chacun, le Prince acceptait avec respect et déférence les conseils que pouvaient lui donner ceux qu'il avait été appelé, depuis son enfance, à considérer comme les plus fidèles amis de sa famille.

Désespéré de ne pouvoir remplir en France ses devoirs de soldat, qui sont avant tout le premier héritage d'un Bonaparte, il était entré à l'école des cadets de Woolwich, et après de brillantes études, avait repris auprès de l'Impératrice sa place de fils respectueux et soumis, en même temps qu'il prenait en mains la direction de son parti. Retiré à Cambden-Place, sortant peu et travaillant beaucoup, il était là, attendant le moment où la France, enfin désillusionnée, rendrait à l'héritier de l'Empire le trône que lui avait ravi une poignée d'aventuriers cosmopolites, sans foi ni loi.

De tous les prétendants, c'était lui qui passait pour conspirer le moins, et cependant c'était lui qui jugeait le plus sainement la situation, et qui était le mieux au courant de l'état des esprits en France. D'un caractère aventureux, et sachant bien que Boulogne et Strasbourg avaient été les meilleurs auxiliaires de Décembre, il espérait qu'à un moment décisif la situation lui permettrait à lui aussi de risquer sa liberté et sa vie.

D'un œil indifférent, il avait suivi le mouvement du Seize-Mai, comprenant bien que le pusillanime Maréchal n'oserait pas jouer jusqu'à la dernière carte la partie qu'il avait engagée.

Les donneurs de conseils timides et hésitants étaient peu nombreux à Cambden-Place.

La presse impérialiste toute entière, presse d'avant-garde, y était jugée à sa juste valeur. *L'Ordre*, le journal de M. Rouher, était à juste titre le moniteur officiel du Prince, mais le *Pays*, journal de

M. Paul de Cassagnac, était encore celui
donc la lecture obtenait le plus grand
succès. Son directeur venait de subir
dans une seule année cinq ou six procès
de presse, agrémentés de rencontres,
d'invalidations, etc. Le mâle courage de
celui qui s'était appelé le Chevalier de
l'Impératrice avait séduit le jeune prince,
et un jour qu'on vantait devant lui la
logique serrée d'un vieux journaliste impérialiste, il répondit en riant : « Oui,
c'est très beau, et très bien dit, mais
je préfère un article de Cassagnac. Au
moins ça sent la poudre. »

Sa vie à Cambden-Place était fort mo-
notone. La petite cour de l'Impératrice
se composait de quelques amis, dévoués
jusqu'à la mort. Le duc de Bassano, le
comte et la comtesse Clary, le baron
Corvisart, Mme Lebreton, Mlle Lhermina,
en étaient les seuls familiers.

Levé dès six heures, le jeune Prince se

rendait immédiatement dans son cabinet de travail, où rejoint quelques instants après par M. Filon, son précepteur, il s'enfermait et travaillait jusqu'à dix heures. Alors, il sortait à cheval, faisait une assez longue promenade, et rentrait à l'heure du déjeuner de l'Impératrice. Resté seul l'après-midi, il se promenait à l'écart de tout bruit, lisant quelques ouvrages d'histoire ou de tactique militaire, prenant force notes, et interrompant souvent ses lectures pour se livrer à des rêveries auxquelles la France n'était certainement pas étrangère.

Rentré à trois heures, il recevait les visiteurs, toujours nombreux et toujours bien accueillis; puis, se remettait au travail qu'il ne quittait que le soir à l'heure du repas. Les soirées il les passait, pour la plupart, au milieu de sa mère et de ses intimes, ou quelquefois se rendait au club à Londres, mais ren-

trait toujours de bonne heure, et se remettait encore au travail.

Dans le cours de l'année 1878, un événement important était survenu dans la
vie du prince. Un violent amour, partagé du reste, avait empoigné tout son
être. Celle qu'il avait associé dans ses
projets d'avenir en était digne, par la
naissance, par le cœur et par l'esprit.
C'était la princesse Béatrice, fille de la
reine Victoria.

Lors d'une revue passée à Hampton-
Court, il avait été présenté par la reine
à la princesse Béatrice. A quelques mois
de là, il se trouva à vivre dans l'intimité
de la jeune princesse, lors d'un séjour
qu'il fit à Oxborne avec la cour. De ce
jour, les moins clairvoyants purent s'a-
percevoir qu'il y avait entre ces deux
êtres un amour profond, qui bientôt
allait se terminer à la satisfaction de
tout le monde par un éclatant mariage.

La famille royale d'Angleterre avait vu avec satisfaction l'inclination de la jeune princesse pour l'héritier du trône impérial. Seul un de ses membres s'était montré hostile à tout projet d'union, et celui-là, c'était le prince de Galles.

Mais, en même temps que le Prince Impérial menait en Angleterre cette vie de recueillement et d'étude, le parti républicain en France surveillait activement tous ses pas et démarches.

Gambetta, le famélique du café Procope, le bohême sordide de 1860, se prélassait sous les lambris dorés du Palais-Bourbon, et Gambetta ne voulait pas qu'on vînt lui enlever cet os si péniblement conquis, et qu'il rongeait maintenant à si belles dentées. Gambetta, c'était la République, et c'était aussi la Franc-Maçonnerie dont les ramifications invisibles et puissantes tenaient l'Angleterre aussi bien que la France. Le grand

5.

maître en fait sinon en droit, pour la France, c'était Gambetta, et Gambetta pouvait avoir aussi la faculté de commander aux F∴ anglais. Pour cela, que lui fallait-il ? L'amitié ostensible du prince de Galles.

Le prince de Galles avait été pour ainsi dire le parrain du Prince Impérial auprès de la haute société anglaise. Le futur roi d'Angleterre paraissait porter au futur empereur des Français une sincère et solide amitié. Loin de nous la pensée de vouloir insinuer que cette amitié n'était qu'un leurre. Mais nous avons bien le droit de penser et de dire qu'elle a été plutôt nuisible que profitable au Prince Impérial. Sans l'intervention du prince de Galles, jamais le duc de Cambridge pas plus que la reine Victoria, n'eussent accordé au Prince Impérial l'autorisation de partir au Zoulouland.

Depuis des années déjà les maçons

anglais avaient promis à Gambetta de le mettre en rapport avec le prince de Galles. Dans les premiers jours de 1879, ils tinrent leur promesse. Le prince arrivé à Paris s'empressa d'offrir au président de la Chambre un dîner dont s'entretinrent plusieurs jours à l'avance les gazettes politiques de l'Europe.

Que se passa-t-il à ce dîner? Nous l'ignorons. Les deux convives furent charmants l'un pour l'autre. La politique, disait-on le lendemain, en avait été strictement bannie. N'empêche que quelques jours plus tard — par un bien malheureux hasard, sans aucun doute — le prince de Galles devait faire partir pour le fond de l'Afrique l'homme dont Gambetta avait juré la mort.

CHAPITRE III

Les Causes du départ

On a recherché bien des fois quelles avaient pu être les raisons dominantes qui avaient poussé le Prince à partir si loin de la France, dans le fond de cette Afrique aux dangers si multiples, au climat inhospitalier.

Certes c'était une imprudence, mais le Prince devait-il commettre cette imprudence? Pouvait-il même ne la pas commettre? Quel résultat immense c'eût été pour lui si, déjouant les embûches franc-maçonniques, il était revenu au milieu de l'armée anglaise victorieuse, entrai[

dans Londres en triomphateur, traînant à sa suite le roi des Zoulous fait prisonnier. Dieu ne l'a pas voulu. Pauvre Prince ! Pauvre France !

Depuis plusieurs mois, le Prince n'attendait qu'une occasion de montrer son courage et sa valeur.

Les ignobles légendes sur Sedan ressassées à plaisir par les feuilles républicaines l'exaspéraient. Il avait hâte de venger la mémoire de son père, de ce père qu'il avait tant aimé et qui était alors si injustement attaqué. Il savait bien, lui, que c'était un brave, cet homme qui n'avait conquis son trône qu'en risquant sa vie et qui, jusqu'au moment où il fut vaincu par la souffrance physique, s'était toujours joué du danger. Ce n'était point une réhabilitation de l'Empereur qu'il voulait entreprendre. Il n'ignorait pas que l'Histoire viendrait un jour pour remettre chacun à sa place : en haut le vaincu malheureux de Sedan, en bas les pitres qui avaient exploité ce malheur. Mais il voulait faire voir à l'Europe et à la France que la bravoure du père coulait aussi dans les veines du fils. D'ailleurs ne l'avait-on pas attaqué lui aussi? N'avait-on pas tourné en dérision cette balle de Sarrebruck tombée à quelques mètres de lui? Oh! jamais attaque injuste n'avait frappé quelqu'un qui eut plus grande envie de la relever! Son courage, en effet, ne connaissait pas de bornes. En tout, il voulait être digne de cette fière devise : *Passavant le meillor*. Comme cavalier, il n'avait pas de rival, effrayant les plus hardis par son audace, les rassurant par son adresse et son savoir-faire. Et partout il en était de même. Ayant pour lui la droiture de sa conscience et sa force physique, que pouvait-il craindre?

Et puis, au commencement de cette année 1879, la politique chômait quelque peu en France. On sentait qu'il y allait avoir un temps d'arrêt de quelques mois. Il fallait laisser la République radicale s'embourber encore davantage et permettre au pays de s'en dégoûter un peu plus. Le parti impérialiste pouvait, pendant quelque temps, se passer de son chef. Pourquoi donc n'eût-il pas quitté Londres? D'un autre côté, tous ses camarades partaient, tous ceux dont il avait partagé les études étaient déjà au Cap, ou sur le point de s'en aller. Les voyant presque chaque jour, il les écoutait parler de leurs rêves de gloire, des prouesses qu'ils se promettaient d'accomplir. Et pendant ce temps lui, un Napoléon, resterait là les bras croisés! Non. Il fallait qu'il montrât à l'armée française, à cette armée dont il attendait tout, que lui aussi, comme tout Napoléon, était un soldat, qu'elle pouvait avec confiance se donner à lui.

Et aussi, il est une autre cause dont on n'a point parlé, dont nous ne parlerons d'ailleurs qu'avec la plus grande réserve, et qui cependant mérite qu'on la note, sans vouloir lui donner une importance qu'elle n'a peut-être jamais eue.

Le Prince, sans aucun doute, caressait le projet de mariage projeté entre la princesse Béatrice et lui. Mais, il n'ignorait pas qu'il y aurait un obstacle qui serait bien difficile à surmonter. Profondément religieux, sincèrement attaché à la religion catholique, il ne pouvait songer à épouser une princesse protestante. De son côté, la jeune princesse obtiendrait-elle facilement de la reine et de la famille royale la permission d'embrasser la religion catholique ? Non. Mais s'il revenait victorieux du Zoulouland, s'il revenait acclamé par le peuple, il n'aurait peine à conquérir les suffrages de la Cour, et sans aucun doute la difficulté serait sensiblement aplanie.

Quoi qu'il en soit, le Prince était décidé à partir. Sans demander conseil à personne, il l'avait froidement mais fermement résolu. Il n'attendait plus qu'une occasion pour le déclarer.

Un personnage qui a été mêlé de très près à ces événements, et à qui nous avons promis de respecter scrupuleusement son *incognito*, nous a raconté l'anecdote suivante qui, si elle est authentique, serait la goutte d'eau qui aurait enfin fait déborder le vase.

Comme nous l'avons dit dans notre précédent chapitre, le Prince Impérial allait quelquefois passer sa soirée au club. *L'Army-Club* et le *Rag* étaient les deux seuls cercles qu'il honorât de sa présence. Là il rencontrait d'anciens camarades de Woolwich ou quelques jeunes gens de la haute société anglaise.

Lord L...n était un des familiers du *Rag.* Jeune encore, seul descendant d'une des premières familles du Royaume-Uni, le jeune lord avait su, par sa bonne grâce et le charme de sa conversation, s'attirer les sympathies du Prince Impérial. Lord L...n était, d'ailleurs, un excellent camarade. On ne lui connaissait qu'un défaut : son excessif besoin d'argent. Très riche autrefois, il se trouvait aujourd'hui à la tête d'une fortune quasi-médiocre. Malgré tout, il n'avait pu se contraindre à ranger sa vie en rapport avec ses revenus, et il était toujours le beau joueur d'autrefois, le grand protecteur des femmes haut cotées de Londres et de Paris. Très lié avec le prince de Galles dont il avait été souvent le compagnon de plaisirs, on racontait que l'héritier du trône d'Angleterre consentait à délier en sa faveur les cordons de sa bourse.

Quelques jours après le dîner de l'hôtel de Bristol, le Prince arriva un soir au *Rag*. Toutes les conversations roulaient sur le Zoulouland, où l'armée anglaise venait d'éprouver le terrible désastre d'Insalwana. La séance de la Chambre des Communes avait été très agitée. Les généraux commandant l'armée du Cap avaient été fort malmenés, mais on avait néanmoins voté un important crédit, qui allait permettre au gouvernement d'envoyer là-bas des renforts considérables. Tous les jeunes officiers qui étaient là criaient à tue-tête :

— Tous nous voulons partir. Tous nous partirons.

A ce moment le Prince entra.

Comme tous ses camarades, il prit part à la conversation, exprima ses regrets de la défaite d'Insalwana, et souhaita que la victoire revînt vite sous le drapeau anglais.

Lord L.....n s'approcha alors de lui, et

après quelques paroles de banale politesse, lui dit tout à coup :

— Prince, j'arrive de Paris ce soir même.

— Ah ! et que dit-on là-bas ?

— J'ai vu des hommes politiques appartenant à toutes les opinions, continua le jeune lord, et tous, je crois, ont, les uns le même espoir, les autres la même crainte.

— Quel est donc cet espoir ? quelle est donc cette crainte ?

— Monseigneur, le parti républicain vient de remporter une éclatante victoire. Il a aujourd'hui un Président et des Ministres pris cette fois dans ses rangs. Malgré tout, le parti républicain est inquiet. Il comprend qu'il n'est encore en France qu'à l'état de faction. Le parti conservateur, qui pourrait à plus juste titre s'appeler le parti bonapartiste, est au contraire plein de confiance, et ses membres les plus autorisés disent bien haut : « L'année ne se terminera pas sans que nous ayons vu Napoléon IV sur le trône. »

— Ah ! mon cher lord, dit le Prince en riant, je suis cependant bien jeune, mais que j'ai déjà entendu de fois prononcer cette phrase ! C'est le bonjour dont on nous accueille, nous autres prétendants.

— Prince, croyez-moi, cette fois ce bonjour est sérieux, un tout petit effort de votre part, et vous êtes sur le trône.

— Un effort ! mais que puis-je faire ? Tenter un débarquement ? Il échouerait, du moins pour le moment. Et alors quel autre effort puis-je tenter ?

— Ah ! voilà, Monseigneur ! Il est une chose qui m'a frappé dans la presse française, et aussi dans les conversations que j'ai eues à Paris. La France aujourd'hui ne rêve qu'une chose, n'a qu'un but, qu'une idée : prendre sa revanche de la malheureuse guerre de 1870. Dans son bon sens le peuple comprend parfaitement que la République actuelle ne lui offre aucun homme capable d'entrainer la nation. Ah ! Monseigneur, si vous, avec le nom que vous portez, vous aviez accompli une action militaire si faible qu'elle fût, vous auriez pour vous la presque unanimité de la France !

— On ne m'a même pas permis de servir mon pays comme soldat, comment voulez-vous que j'accomplisse quoi que soit? Que diable, je ne puis pas cependant me battre avec des policemen anglais pour montrer mon savoir faire !

— Très vrai, Monseigneur, mais vous avez fait votre éducation militaire à l'école de Woolwich, vous êtes l'hôte de l'Angleterre, pourquoi ne défendriez vous pas l'Angleterre ?

— Ah ! mon cher lord, je vous remercie, s'écria le Prince, vous m'ouvrez là des horizons nouveaux. L'Angleterre qui m'a si généreusement accueilli vient de subir une défaite. Tous mes amis, tous mes camarades d'école partent pour le Cap. Pourquoi ne partirais-je pas avec eux?

— Très bien, Prince, reprit le jeune lord, je n'osais vous donner ce conseil. Mais vous avez compris vous-même qu'il y avait là pour vous une occasion inespérée. Oui, partez. Vous trouverez facilement à vous illustrer là-bas, et vous nous reviendrez prêt à aller prendre en France la couronne de votre illustre père.

— Encore une fois, mon cher lord, merci. Maintenant, je rentre et, dès ce soir même, j'annonce à ma mère mon inébranlable résolution.

En rentrant à Cambden-Place, le Prince trouva l'Impératrice qui l'attendait. Immédiatement, la conversation s'engagea sur la guerre du Zoulouland. Jamais le Prince n'avait parlé avec autant de feu. L'Impératrice en fut effrayée.

— Louis, calme toi, lui dit-elle. Tu me fais peur. A quoi songes-tu donc ?

— Mère chérie, je n'osais vous le dire ce soir de crainte de vous effrayer, mais vous l'avez compris. Je pars avec mes amis.

En vain l'Impératrice supplia le Prince d'abandonner cette idée ; comme il l'avait dit à lord L.....n sa résolution était inébranlable.

Le lendemain, il fit appeler M. Rouher, et lorsque l'illustre homme d'État fut devant lui.

— Mon vieil ami, lui dit-il, je vous annonce une grave détermination prise par moi, sans avoir au préalable demandé vos conseils. Je pars pour le Zoulouland.

M. Rouher resta atterré. En quelques mots, il montra au Prince, et les dangers qu'il allait courir, et l'inquiétude qui allait étreindre le cœur de ses partisans.

Rien n'y fit, et deux jours après, le Prince, qui avait obtenu très facilement, quoique on en ait dit, l'autorisation de partir, adressait à M. Rouher la lettre suivante :

Mon cher monsieur Rouher,

Je vais quitter l'Europe, et mon absence peut se prolonger quelques mois. J'ai trop d'amis fidèles en France, pour qu'il me soit permis de garder le silence sur les motifs de mon départ. Depuis huit ans, j'ai été l'hôte de l'Angleterre, j'ai complété mon éducation dans une de ses écoles militaires, et à plusieurs reprises, j'ai resserré les liens qui m'unissaient à l'armée anglaise, en participant aux manœuvres qu'elle a exécutées. La guerre que l'Angleterre soutient au Cap de Bonne-Espérance, vient de prendre un caractère de gravité qu'elle n'avait point eu jusqu'à présent. J'ai désiré en suivre les opérations, et je m'embarque dans deux jours.

En France, où, grâce à Dieu, l'esprit de parti n'a pas tué l'esprit militaire, on comprendra que je n'aie pas voulu rester étranger aux fatigues et aux dangers de troupes, où je compte tant de camarades. Le temps que je consacrerai à assister à cette lutte de la civilisation contre la barbarie ne sera pas perdu pour moi.

De loin comme de près, ma pensée se portera constamment vers la France; je suivrai avec intérêt et sans inquiétude les phases graduelles qu'elle traverse, certain que Dieu la protège.

Je compte que, pendant mon absence, les partisans fidèles de la cause impériale resteront unis et confiants, et continueront à donner au pays le spectacle d'un parti qui, fidèle à ses doctrines, sera toujours animé des sentiments du plus ardent patriotisme.

Recevez, mon cher monsieur Rouher, l'assurance de ma sincère amitié.

NAPOLÉON.

Cambden-Place, 25 février 1879.

A la lecture de cette lettre, les vénérables des Loges maçonniques de Paris se réunirent sous la présidence de Gambetta, et décidèrent de faire partir cinq délégués pour l'Afrique. L'un d'eux devait rester à Cape-Town, où le *Danube*, qui portait le Prince, ferait une escale de trois jours.

CHAPITRE IV

Les funestes conseils donnés par lord
L....n avaient complètement décidé le
Prince. Depuis résolu à partir, ni les
larmes de sa mère, ni les supplications
de ses plus vieux amis n'avaient pu le
dissuader. Le Zoulouland tenait déjà
l'âme de sa victime !

La nouvelle de ce départ était à peine
connue en France, que déjà des milliers
de demandes parvenaient au Prince.
Tous les solliciteurs demandaient comme
une faveur suprême d'accompagner le
Prince. Au *Rag*, lord L....n était tou-

jours le confident du jeune volontaire.

— Prince, lui dit-il un jour, puisque vous avez décidé d'aller au Cap, partez seul. N'emmenez avec vous aucun officier français, aucun ami. Vous connaissez mieux que moi la méchanceté de vos ennemis. Immédiatement ils s'empresseront d'exploiter contre vous la faveur que vous accorderiez à quelques amis. Partez seul !

En vain le vieux général, qui avait le premier mis une arme dans la main du Prince, le supplia de l'emmener avec lui. Sa résolution ne varia pas, et le 27 février il s'embarqua sur le *Danube*, n'ayant avec lui que ses armes, deux chevaux et son valet de chambre Uhlman.

La traversée s'opéra dans d'assez bonnes conditions. Quelques jours après son arrivée à bord, le Prince eut cependant quelques accès de fièvre qui furent difficilement diagnostiqués par les médecins. Néanmoins sa santé ne fut pas beaucoup altérée par cette longue traversée.

Deux accidents arrivés à quelques jours d'intervalle ne laissèrent pas toutefois de contrarier énormément Son Altesse.

Un matin, on vint lui annoncer qu'un de ses chevaux était subitement mort pendant la nuit. Le vétérinaire attribuait l'accident à un accès de fièvre pernicieuse, sans pouvoir toutefois donner des détails plus précis.

Trois jours après, le second cheval, celui que le Prince préférait, fut trouvé la jambe cassée. L'animal s'était détaché — comment? on n'a jamais pu en donner l'explication — et franchissant son box, s'était brisé la jambe au-dessus du genoux. La guérison était impossible, et, malgré les regrets du Prince, il fallut bientôt l'abattre. Uhlman, frappé de ces deux accidents si rapprochés, ne put s'empêcher de faire montre de ses craintes et de ses sombres pressentiments et d'en faire la remarque au Prince. Ce dernier, trop loyal pour voir autre chose là-dedans que la main du hasard, ne se montra point du tout effrayé et au contraire rassura Uhlman.

Cependant le *Danube* arrive à Cape-Town. La ville, prévenue de l'arrivée de Son Altesse Impériale, lui prépare une enthousiaste réception. A toutes les maisons flotte le drapeau français; la population entière fait escorte du port à la maison où doit se reposer le Prince. Sur tout le parcours on n'entendit que des cris de : « Vive la France! vive Napoléon! » Le Prince allait bientôt s'arrêter lorsqu'un homme, placé à quelques pas de lui, cria assez fort pour être entendu de Son Altesse et des personnes qui l'entouraient : « Tiens, il n'a donc encore rien de cassé ! » La foule se précipita vers l'inconnu qui s'enfuit à toutes jambes. On put cependant savoir d'où venait ce personnage. Le veille, il était descendu au premier hôtel de Cape-Town, en déclarant qu'il venait de France. Son premier soin avait été de demander des nouvelles du *Danube*. Lorsqu'on lui eût dit que le transport n'arriverait que le lendemain, il montra une vive satisfaction, et dit : « J'ai fait le voyage pour apercevoir le Prince, j'aurais été bien contrarié s'il était passé avant mon arrivée. » On a vu dans quel but cet homme désirait voir le Prince ! Mais que signifie la phrase lancée par lui ? Le Prince devait-il être déjà mort ? C'est probable ; et cet homme délégué des loges maçonniques de France n'avait été envoyé à Cape-Town que pour prévenir ses chefs de l'heureux événement qu'ils attendaient avec une si grande impatience,

De Cape-Town, le Prince se rendit à Durban. Là encore, les accès de fièvre qu'il avait eus sur le *Danube* le reprirent de nouveau. Le docteur Scott, qui n'y comprenait rien, suppliait le Prince de retourner en Europe. Chose singulière, les journaux radicaux et francs-maçons furent les premiers à parler de cette indisposition du Prince. Justement effrayé, M. Rouher télégraphia à Chislehurst et demanda si la nouvelle était justifiée. L'Impératrice répondit qu'elle l'ignorait. Il est vrai que le lendemain, c'est-à-dire vingt-quatre heures après les feuilles radicales, on recevait la confirmation de la maladie du Prince. Qui donc avait prévenu les journaux à la solde de M. Gambetta? Les maçons partis en Afrique en même temps que le Prince.

C'est à Durban que M. Deléage, correspondant du *Figaro*, nous raconte qu'il rencontra le Prince. Quelques mois après son retour en France, M. Deléage publia la relation complète de son voyage, qu'il intitula : *Trois mois chez les Zoulous.* Dans le cours de cet ouvrage, nous aurons maintes fois l'occasion de parler du livre de M. Deléage. Nos lecteurs verront plus loin ce que valent les récits du correspondant du *Figaro*.

Il est, dans le voyage que fit l'*Américain* quelques jours après le départ du Prince, un incident que M. Deléage n'a traité que d'une façon toute superficielle, et que nous jugeons beaucoup plus grave.

Au moment où l'*Américain* allait partir, un Anglais, jeune encore, monta tout à coup sur le pont et s'installa tranquillement. Son costume ne désignait, en aucune façon, un homme qui avait le désir d'entreprendre une aussi longue traversée. On le lui fit observer, il se contenta de hausser les épaules en disant qu'il entreprenait ce voyage pour se distraire. Pendant toute la journée, il restait enfermé chez lui, ou s'asseyait sur le pont, fumant force cigares et causant fort peu.

Cependant il déclara bientôt qu'il s'ennuyait autant à bord qu'à terre, et il annonça son intention de descendre à Madère. Mais l'ennui de faire ses malles le décida à pousser jusqu'à Cape-Town. Là, il attendrait le premier paquebot retournant en Angleterre. Il descendit, en effet, et lorsque le lendemain l'*Américain* repartit, le mystérieux Anglais était encore sur le pont, pestant contre le garçon d'hôtel qui, au lieu de porter ses bagages sur le paquebot allant à Londres, s'était trompé, disait-il, et les avait placés sur l'*Américain*. On lui demanda alors s'il allait combattre au Zoulouland. L'Anglais poussa les hauts cris, et lorsque en effet le navire s'arrêta à Durban, il ne descendit point, mais fila du côté de Zanzibar.

On avait déjà oublié cet original, lorsque quelques semaines plus tard, il fut rencontré, assis près de la tente du Prince, fumant son éternel cigare, et portant le costume de volontaire. A l'étonnement manifesté par ceux qui le trouvèrent là, il répondit qu'après s'être ennuyé un peu partout, il avait été pris du désir de se battre, espérant se distraire un peu.

Cette réponse a pu satisfaire la curiosité de M. Deléage; quant à nous, elle ne nous satisfait pas du tout. Jules Verne a pu créer un Jacques Paganel, et c'est déjà beaucoup. Cet Anglais qui, s'embarquant à Londres pour faire une courte promenade, se trouve quelques mois après caché sous un habit de volontaire dans le fond du Zoulouland, ne nous dit rien qui vaille! Il nous porte à nous demander si les loges anglaises avaient suivi l'exemple des loges maçonniques de France et envoyé des délégués à la suite du Prince.

Dès son arrivée, le Prince Impérial sut se conquérir les bonnes grâces de chacun. Aimable, poli, serviable envers tous, il était adoré de tous ceux qui l'approchaient. Chacun prenait plaisir à vanter sa force, son adresse, son courage, et ce jeune homme de vingt-trois ans, héritier du plus illustre nom militaire du monde, se laissait facilement griser par ces flatteries soldatesques, et ne brûlait que du désir d'accomplir des actions d'éclat.

Parmi ceux qui, l'approchant journellement, développaient le plus en lui le goût des aventures, était un jeune officier parti avec lui pour le Cap : le lieutenant Carey. Retenez bien ce nom, et fasse le ciel qu'il passe à la postérité, comme y est passé le nom de Judas !

Issu d'une famille française, Carey avait gardé en France de nombreuses relations. Après la guerre franco-allemande, il organisa en Angleterre une souscription destinée à venir en aide aux soldats blessés et mutilés. Il se lia alors avec Gambetta qui appartenait comme lui à la secte des F∴ et fut bientôt décoré de la Légion d'honneur sur la proposition directe de Gambetta. Lorsque, plus tard, Gambetta eut besoin d'un officier anglais pour l'aider dans son épouvantable forfait, il songea au lieutenant Carey, et ce dernier, bien que récemment marié, n'hésita pas à partir pour le Cap, en même temps que le Prince Impérial.

Lorsqu'arriva en Europe la nouvelle de la mort du jeune Prince, on ne comprit pas comment les officiers de l'armée anglaise lui avaient permis d'aller faire une reconnaissance, et sans aucun doute, nous étonnerons bien des gens, en leur apprenant que le Prince avait, avant le premier juin, fait déjà deux autres reconnaissances aussi périlleuses.

Le vendredi 16 mai, il partit à sept mille en avant, accompagné seulement de deux officiers et du lieutenant Carey. Au retour un des officiers disait en haussant les épaules :

— Qu'est venu faire le Prince dans cette bagarre? Nous ne lui en saurons aucun gré, et je ne sais vraiment, à moins qu'il ne revienne estropié, le bénéfice qu'il en pourra tirer auprès de ses compatriotes, et encore!

Comme cette phrase est bien anglaise!

Le dimanche 18, le Prince sollicite encore une seconde autorisation. Elle lui est accordée, et il est toujours accompagné de l'inséparable Carey, qui ne l'abandonnera plus qu'au moment de la mort!

A ceux qui manifestaient devant le

général en chef l'étonnement et la crainte que leur causaient ces fréquentes sorties du Prince, lord Chelmsford se contentait de répondre :

— Le Prince ne peut être pour moi un *impedimentum*. D'ailleurs, puis-je me montrer plus soucieux de sa vie que ceux qui l'ont laissé partir? Et puis, je ne vois en lui qu'un officier, et j'oublie que c'est un Prince.

C'était le colonel Harrisson,— encore un personnage dont nous aurons à nous occuper plus tard,—qui commandait l'expédition du 18. Après avoir marché toute la journée, la petite troupe, qui se composait d'une vingtaine de cavaliers, s'arrêta au bas des montagnes. L'obscurité devenue complète, ne permettait de distinguer autre chose que les feux des Zoulous campés sur les hauteurs. Comment le colonel Harrisson ne fut-il pas attaqué cette nuit-là? C'est encore un de ces mystères bien difficiles à éclaircir. Toute la nuit, les cavaliers restèrent à la tête de leurs chevaux sellés. Carey, qui, ce coup manqué, se gardait déjà à carreau, en prévision d'un événement prochain, disait le lendemain :

— Je n'ai pu comprendre qu'on nous fasse passer la nuit là, surtout le Prince étant avec nous.

Carey avait tellement bien compris que quelques jours plus tard il devait entraîner le Prince dans une semblable embuscade. Cette fois là, Carey comprit, bien mieux que ne l'avait fait le colonel Harrisson, car le Prince ne revint pas.

CHAPITRE V

La Journée du 1ᵉʳ Juin

Nous avons montré dans notre précédent chapitre que si le Prince Impérial n'était encore ni mort, ni disparu à la date du 1ᵉʳ juin, ce n'était assurément pas la faute des délégués des loges maçonniques envoyés à sa poursuite, et en particulier du lieutenant Carey, qui déjà l'avait entraîné par deux fois au milieu des plus grands dangers. Le voyage n'avait été qu'une suite d'accidents, qui, pris isolément, ne signifient rien, mais qui, une fois groupés, montrent jusqu'à l'évidence le complot tramé autour de Son Altesse.

Arrivons maintenant à cette journée du 1er juin. Nous ne pouvons mieux faire que de laisser la parole à M. Paul Deléage, qui, soit dit entre parenthèses, voudrait bien nous donner à croire qu'il l'a échappé belle en n'acceptant pas l'invitation d'accompagner Carey ce jour-là. Nos lecteurs verront quelques pages plus loin pourquoi nous sourions doucement devant cette prétention de M. Deléage. Plus heureux que le Prince, il a pu revenir sain et sauf en France ; nous en sommes heureux, mais point du tout surpris :

« Le Prince et le lieutenant Carey étaient partis en avant, vers huit heures et demie, précédant l'avant-garde à quelque distance.

« Ce fut le lieutenant Carey lui-même, qui vint précipiter le déblaiement de notre tente et m'annoncer son départ en avant,

— « Ne venez-vous point avec nous ? me dit le lieutenant.

« J'hésitai quelques instants, il y avait de tels mélanges dans la conduite militaire du lieutenant Carey, qu'à part moi, et sans me rendre trop bien compte de ce que je pensais, un de ces pressentiments secrets me poussait à suivre l'expédition. J'avais cru, tout d'abord, qu'il s'agissait d'une reconnaissance lointaine.

— « Oh non ! reprit le lieutenant ; il s'agit d'une avance sur la colonne de peu d'importance : nous n'allons pas plus loin que le campement qu'occupera l'armée ce soir même, campement dont nous allons déterminer l'emplacement définitif ; cela n'est pas au delà de sept ou huit milles d'ici.

« Je ne montai à cheval qu'au moment même où lord Chelmsford quittait lui-même le camp à la suite de son armée.

G.

— « Où est le Prince? demanda Son Excellence en montant à cheval, et en ne voyant pas auprès de lui son jeune officier d'état-major.

« Un des officiers répondit :

— « Le Prince est un peu en avant de la colonne avec le colonel Harrisson.»

Pour bien comprendre la signification de cette réponse et la tranquillité que montra le général en chef en la recevant, il faut dire que les fonctions du colonel Harrisson consistaient, ce jour-là, à surveiller la marche de la colonne et des transports, de concert avec l'état-major du général Newdigate ; que par conséquent cet officier n'avait pas trop à s'éloigner de l'avant-garde, au contraire, et que par conséquent le Prince étant avec lui, il n'y avait guère de crainte à avoir sur son sort.

L'officier qui avait fait cette réponse à lord Chelmsford était-il un complice de

Carey où avait-il simplement été trompé par le lieutenant ? Nous l'ignorons. Mais enfin sa réponse mérite quelques minutes d'attention, car elle nous montre tout le soin pris par le lieutenant Carey, afin que personne ne vint le déranger au milieu de ses opérations.

Dans un autre chapitre, mais toujours dans le même ordre d'idées, M. Deléage se demande pourquoi le Prince allait faire cette reconnaissance.

Le pourquoi donné par le lieutenant Carey, et aussi par l'enquête, est tout au moins singulier, et en outre bien maladroit.

La veille, le lieutenant était allé reconnaître le terrain pour la marche du lendemain. Lorsqu'on lui demanda ses cartes et ses plans, il donna des renseignements incomplets et même absurdes, qui ne permettaient pas au général en chef de lancer son armée en avant sur des données aussi incertaines. Il fallait à nouveau revisiter le terrain. Mais le lieutenant, qui la veille avait déjà fatigué une escorte en pure perte, n'osa en demander une seconde, L'état-major la lui refuserait. Il exprime ses craintes au colonel Harrisson, et le colonel, c'est-à-dire l'homme à qui la personne du Prince a été tout particulièrement confiée, répond :

— « Le Prince fera demain une reconnaissance de la route que vous avez choisie afin de désigner un campement. »

Carey avait obtenu ce qu'il désirait, du moins en partie. Mais il lui fallait encore autre chose : il fallait qu'il accompagnât le Prince, il le demande au colonel Harrisson, qui, après un moment d'hésitation, lui accorde ce qu'il désire.

M. Deléage, à la suite de ce récit, conclut tristement, mais faussement :

« Voilà comment le Prince sera tué, pour permettre à un officier de rectifier des observations, prises deux ou trois jours auparavant, avec un peu trop d'inattention. »

Nous nous permettons de rectifier ainsi la phrase de M. Deléage :

« Voilà comment des observations volontairement mal prises deux ou trois jours auparavant, ont permis au lieutenant Carey d'entraîner le Prince à onze milles en avant, et de le faire tomber aux mains des Zoulous. »

Ainsi, sans aucun motif sérieux, sans aucune utilité vraiment manifeste, le Prince partait en avant, et dépassait de onze milles, entraîné par le lieutenant Carey, le point qui avait été désigné. Rien ne prouve, d'ailleurs, que Carey n'était pas de bonne foi, quand il affirmait, avant le départ du camp, qu'on n'irait pas à plus de sept ou huit milles. Peut-être les Zoulous, à qui le Prince allait être abandonné, attendaient-ils à cette distance. L'approche de l'armée anglaise les obligea à reculer de plusieurs milles : le drame n'en fut reculé que de quelques heures.

Arrivons maintenant à la nouvelle de la mort. Là encore nous allons laisser la parole à M. Deléage :

« A sept heures du soir, j'entrais dans la tente du lieutenant Trench, lorsqu'un officier vint tout à coup et sans transition m'apprendre la mort du Prince.

— « Le Prince Impérial a été tué, me dit-il précipitamment en anglais.

— « Voulez-vous me répéter cela en français, lui dis-je brusquement en lui prenant le bras.

« Et il le répéta : je n'en écoutai pas davantage.

« Le quartier général n'était qu'à quelques pas, j'y fus en quelques secondes.

Il n'était besoin que de voir la figure sombre et bouleversée du général, pour s'assurer immédiatement que ce qui venait de m'être rapporté n'était pas un simple bruit de camp.

« Lord Chelmsford me dit rapidement, et sans attendre mes questions, que le cheval du Prince venait de rentrer au camp sans son maître, à la suite de ce qui restait de l'expédition dont celui-ci faisait partie ; que malheureusement tout faisait craindre que le Prince n'eût pu s'échapper lui-même des mains des Zoulous ; pour une plus ample connaissance des faits, le général me désignait lui-même la tente où se trouvait en ce moment le lieutenant Carey. »

Nous ne croyons point lord Chelmsford coupable. Le vieux général est une nature trop droite pour avoir coopéré à une aussi répugnante besogne, mais enfin, on ne peut s'empêcher de faire une réflexion qui n'est point à l'avantage du général en chef de l'armée anglaise.

Quelques pages plus loin, M. Deléage nous racontera que, malgré les supplications d'un grand nombre d'officiers, honnêtes et soucieux de leurs devoirs, on refusa énergiquement de se mettre le soir même à la recherche du cadavre du Prince. On objecta que pendant la nuit cette expédition était par trop périlleuse.

Pour bien montrer la bonne foi de l'état-major anglais en cette circonstance, il nous suffira de dire que, ce soir là, il faisait une de ces nuits lunaires, aussi claires que le jour lui-même. Mais ce n'est qu'après huit heures que ces officiers avaient fait cette demande. Depuis deux heures déjà, lord Chelmsford connaissait le retour du cheval du Prince, sans son cavalier. Ce n'était qu'à trois heures et demie qu'avait eu lieu l'attaque des Zoulous. Qu'avait ordonné depuis lors le général en chef?

Rien !

L'héritier du trône impérial, celui qui devait être le futur empereur des Français et le gendre de la reine d'Angleterre, avait été à quelques milles de là abandonné par sa monture. On ignorait ensuite ce qu'il était devenu. Était-il blessé, mort, prisonnier; était-il parvenu à s'échapper, et se sauvait-il encore devant une bande de Cafres? Tout le monde l'ignorait, et pendant ce temps, le général en chef de l'armée de cette même reine d'Angleterre restait là impassible, racontant ce que lui avaient crié quelques fuyards, et ne tentant rien. Il avait sous la main plusieurs régiments de cavalerie, qui dans la journée n'avaient fait qu'une petite marche, et il laissa reposer sa cavalerie !

Mais, pendant ce temps, que faisait le

lieutenant Carey ? Lisez le récit de M. Deléage :

« Le lieutenant, dois-je le dire, dînait
fort paisiblement avec le colonel Harrisson et un autre officier d'état-major, et
se fit d'abord prier pour consentir à se
déranger quelque peu ; je lui fis observer
très sèchement que je n'étais pas en ce
moment un correspondant en quête de
détails, mais avant tout un Français,
désireux de savoir ce qui était arrivé, et
principalement si la nouvelle de la mort
du Prince était fondée. »

Nous regrettons qu'on n'ait pas soigneusement dévisagé l'officier d'état-major qui dînait avec le lieutenant Carey.
Nous parierions volontiers que c'était le
même qui, le tantôt, s'était empressé de
répondre à lord Chelmsford : « Le Prince
est en avant avec le colonel Harrisson. »

Oui, ils dînaient tous les trois, la conscience tranquille, satisfaits du devoir

accompli : le colonel qui avait livré le Prince à Carey; Carey qui l'avait livré aux Zoulous; l'officier qui avait eu mission de dépister lord Chelmsford. Ils n'attendaient plus que le moment où ils partageraient le prix du sang, et pour tuer le temps, ils buvaient quelques bonnes bouteilles de vin français, dont le Prince leur avait sans doute fait présent !

Le lieutenant, devant l'insistance de M. Deléage ou de quelque autre curieux, consent cependant à se déranger :

« Je pus apprendre alors, qu'après avoir déterminé l'emplacement du camp dans lequel nous nous trouvions en ce moment, le Prince et le lieutenant Carey, accompagnés des six volontaires qui leur servaient d'escorte et d'un Cafre comme guide, avaient poussé jusqu'à onze milles plus loin; que vers deux heures de l'après-midi ils s'étaient arrêtés dans un kraal pour dessiner l'emplacement du second camp, pendant que leurs hommes préparaient le café; qu'enfin vers trois heures et demie, au moment de remonter à cheval, ils avaient été surpris par une troupe de Cafres dont d'épais champs de maïs avaient protégé l'avance; quant au sort du Prince, le lieutenant prétendait ne savoir rien autre chose, si ce n'est que, se retournant après avoir traversé dans sa fuite un donga très profond, distant du kraal de deux ou trois cents mètres, il avait vu, sortant d'un autre point du donga, le cheval du Prince, sans son cavalier, qui les suivait; le lieutenant Carey ajoutait qu'il manquait encore deux volontaires ainsi que le Cafre qui leur servait de guide, mais il ne connaissait pas plus le sort de ces derniers qu'il ne connaissait celui du Prince. »

Arrêtons-nous ici et voyons un peu les déclarations du lieutenant Carey.

D'abord, il nous semble que l'escorte

gracieusement fournie par le colonel Harrisson laissait à désirer, tout au moins comme nombre. Six volontaires, c'est-à-dire soldats maraudeurs et indisciplinés, c'était maigre. Il est vrai qu'il y avait le *Zoulou ami*. M. Deléage nous raconte qu'on ne retrouva pas son corps. Rien ne nous étonne là-dedans.

Étant enfant, nous avons eu en notre possession une pie fort bien dressée. Elle partait au-devant de ses compagnes, jacassait quelques instants avec elles, puis les amenait à portée de notre fusil. Eh bien, jamais à elle non plus on ne retrouva son cadavre. Nous avions soin de la ménager. C'est ce que les Zoulous ne manquèrent pas de faire pour l'ami du lieutenant Carey !

Ce Carey était assurément un franc scélérat, mais il était, croyons-nous, tout au moins, aussi franc imbécile. Non seulement il avoue s'être sauvé comme un lâche, mais encore il reconnaît s'être retourné sur sa selle, alors qu'il n'avait encore que trois cents mètres de parcourus et avoir vu à ce moment-là le cheval du Prince arriver sans cavalier. Se sauver, il pouvait encore alléguer cette excuse : « Je savais le Prince excellent cavalier, je le crus monté à cheval, comme nous tous. » Mais pour avouer qu'à trois cents mètres seulement il avait vu le Prince démonté et qu'il n'avait rien fait pour lui porter secours, il fallait qu'il fût assuré que de hautes et puissantes protections lui garantissaient l'impunité la plus absolue.

Ainsi, à sept heures, le soir, il affirmait à ses convives qu'il ignorait absolument comment le Prince était tombé et même s'il était tombé. Cette déclaration est curieuse à rapprocher de celle qu'à quatre heures il avait faite au général Wood :

« J'ai vu tomber le Prince frappé

d'une balle au cœur, et voyant alors que mes secours étaient inutiles, je me suis sauvé. »

Laquelle de ces versions était la vraie? Qu'avait vu le lieutenant Carey.

Rien.

Lorsque le *Zoulou ami* avertit le lieutenant de l'arrivée de ses camarades, celui-ci sauta à cheval, et s'enfuit sans s'occuper de ce qui allait se passer derrière lui. Pourquoi donc Carey disait-il que le Prince était mort frappé d'une balle au cœur? Pour une raison bien simple : parce qu'il était entendu que c'était ainsi que le Prince devait mourir! Les Zoulous qui devaient exécuter la sentence portée par les loges maçonniques, avaient été au préalable armés d'excellents fusils. On connaissait la facilité avec laquelle le Prince sautait à cheval. L'assagaye devenait impuissante contre un cavalier bien monté, le fusil seul pouvait l'arrêter.

Cette contradiction du lieutenant Carey est pour nous la preuve indiscutable du complot. Elle seule suffirait à montrer sa culpabilité ; malheureusement, elle est loin d'être isolée.

Cette déclaration faite, Carey retourne tranquillement à table, tandis que quelques officiers demandent en vain au général de faire envoyer une patrouille le soir même à la recherche du corps.

Pour nous, notre conviction bien arrêtée, c'est que le général Chelmsford a été, à partir de la mort du Prince, mis au courant de la situation. Carey n'était point parti avec des instructions verbales seulement, il avait aussi des ordres écrits. La tragédie finie, il montra ces ordres au général en chef, et celui-ci ne put que s'incliner. Le Prince avait été tué, mais une faute commise par ses meurtriers pouvait faire comprendre aux camarades qu'il avait dans l'armée, que l'attentat était prémédité. Il y avait donc intérêt pour le général en chef de l'armée anglaise à ce qu'on ne pût retrouver son corps. En le laissant toute une nuit, il y avait de grandes chances pour qu'on ne le revît jamais. S'il avait été fait prisonnier, ses ravisseurs avaient toute la latitude de fuir dans l'intérieur du pays; s'il avait été tué, les oiseaux de proie ou les fauves se chargeraient de faire, avant le lever du soleil, disparaître le cadavre. Voilà ce que désirait lord Chelmsford, par crainte de l'effroyable scandale que la découverte du corps du Prince pouvait faire rejaillir sur toute l'armée anglaise, et jusque sur lui-même.

Le lendemain matin, on devait partir à quatre heures. Mais les ordres furent brusquement changés et bientôt il fut décidé qu'on ne partirait qu'à neuf. Tous ceux qui n'étaient pas dans le secret des dieux firent entendre des protestations

7.

indignées devant ce retard injustifiable. On voulut bien alors avancer le départ de deux heures.

La veille on avait accordé six volontaires comme escorte au Prince; le général Marschall, commandant l'expédition envoyée à la recherche de son corps, s'entoura, lui, de plus de précautions. Il emmena toute la cavalerie, tout le corps des volontaires, un régiment de Cafres et une troupe de *bassutos* à cheval. Avec la centième partie de cette escorte, le Prince eut massacré la veille les Zoulous qui l'attaquaient !

Tout d'abord, on rencontre le cadavre d'un volontaire. Le visage est méconnaissable, le corps n'est plus qu'un monceau de chairs informes. Cette remarque a son importance.

A quelques centaines de mètres plus loin, on rencontre enfin le corps du Prince. Voici la narration de M. Deléage :

« Le Prince était étendu sur le dos, les bras raidis par la mort, un peu croisés au-dessus de la poitrine, et la tête légèrement inclinée sur le côté droit; la physionomie n'indiquait pas trace de contractions ni de souffrances; la bouche était légèrement ouverte, l'œil gauche — l'œil droit avait été enlevé par un coup d'assagaye — l'œil gauche, dis-je, grand ouvert, regardait fixement le ciel et conservait encore cette expression douce et bienveillante que j'avais remarquée chez le Prince à ma première entrevue.

« La poitrine était percée de plusieurs coups d'assagaye, de dix-sept ou dix-huit, je crois, et le ventre, selon la coutume zouloue, avait été ouvert; mais ces sauvages, à l'encontre de leur pratique habituelle, n'avaient osé faire qu'une petite incision et avaient respecté les entrailles, comme si, dans leur science brutale, ils avaient jugé inutile de taillader plus profondément ces formes délicates. »

Non ! la candeur — pour ne pas dire plus — de M. Deléage nous désarme !

Dans toutes leurs guerres, dans toutes leurs expéditions, le premier soin des Zoulous, qui ont tué leurs adversaires, est de faire subir toutes sortes d'injures à leurs cadavres. La figure est criblée de coups d'assagayes, les yeux sont arrachés, le ventre est ouvert, etc... M. Deléage reconnaît que le corps du volontaire trouvé avant celui du Prince avait été affreusement défiguré. Seul le corps du Prince avait été ménagé. Il semble au contraire que les sauvages eussent dû plutôt s'acharner sur celui-là puisqu'il portait les insignes d'officier. Non, les Zoulous le respectent. Pourquoi ? Parce qu'ils avaient ordre d'agir ainsi ; parce qu'il ne fallait pas que le Prince fut défiguré ; parce qu'il fallait que chacun put affirmer, si toutefois le corps était retrouvé, que c'était là son cadavre. La voilà, la véritable raison ! Sans cette recommandation, le Prince n'eut plus été qu'une masse informe comme le malheureux volontaire tué avec lui. Et il ne fallait pas que, dans un moment d'inquiétude, Gambetta pût se dire : « Mais est-ce bien son corps qu'on a retrouvé là-bas ? Personne ne peut l'affirmer. Si ce n'était pas lui ! » Aussi Carey donna ses ordres en conséquence et les sauvages ne *tailladèrent point plus profondément ces formes délicates.*

La sollicitude de Gambetta ne s'était

affirmer, si toutefois le corps était retrouvé, que c'était là son cadavre. La voilà, la véritable raison ! Sans cette recommandation, le Prince n'eut plus été qu'une masse informe comme le malheureux volontaire tué avec lui. Et il ne fallait pas que, dans un moment d'inquiétude, Gambetta put se dire : « Mais est-ce bien son corps qu'on a retrouvé là-bas ? Personne ne peut l'affirmer. Si ce n'était pas lui ! » Aussi Carey donna ses ordres en conséquence et les sauvages ne *tailladèrent point plus profondément ces formes délicates.*

La sollicitude de Gambetta ne s'était d'ailleurs pas bornée à s'occuper simplement de la mort : elle avait encore songé à l'au delà. Tuer le Prince ne suffisait pas, il fallait encore, si possible, ternir sa mémoire. Nous expliquerons dans le suivant chapitre comment est mort le Prince. Nos lecteurs verront que les blessures reçues par l'héroïque héritier des Napoléon furent toutes reçues en pleine poitrine.

Mais avant même que le cadavre fut découvert, et tandis que Carey affirmait avoir vu tomber le Prince frappé d'une balle au cœur, le bruit se répandait dans le camp que le Prince avait reçu toutes ses blessures par derrière et en se sauvant.

Or, pour arriver à faire admettre cette légende, que fallait-il? Que le corps qui avait été officiellement reconnu restât là-bas enseveli près des rives de l'Ityotyosi.

Eh bien, l'état-major anglais discuta pendant deux heures, pour savoir si le corps du Prince devait revenir en Europe. Il y avait là-bas une Impératrice, une veuve, une mère; il y avait tout un parti, et on discutait pour savoir si on permettrait à tous ceux-là de venir prier et pleurer près des dépouilles de celui qui avait été leur dernier espoir.

Une escouade était déjà commandée, et attendait, la pioche à la main, prête à creuser la fosse. Lorsqu'on montra ces fossoyeurs au correspondant d'un journal américain, il en témoigna toute sa surprise et son indignation. L'état-major comprit alors que l'excès de zèle devient souvent une faute et il fit immédiatement préparer le fourgon d'ambulance qui devait transporter le corps jusqu'à Durban.

La pauvre mère pourrait au moins prier sur les restes de son fils !

CHAPITRE VI

Comment était mort le Prince Impérial

La certitude absolue de l'attentat prémédité et résolu d'avance ressort-elle clairement de nos précédentes observations? Assurément, bien des gens diront que nous n'avons encore rien prouvé. Eh bien! pour ceux-là, nous allons fournir d'autres preuves. Nous allons étudier de près comment est mort le Prince.

Nous continuerons toujours à citer M. Deléage :

« D'une seule traite, le Prince et le lieutenant Carey atteignent alors les hauteurs qui dominent la vallée au bas de laquelle coule la rivière Ityotyosi ; là, on s'arrête une heure à peu près sur les collines ; le Prince dessine la contrée, et le lieutenant détermine sur la carte des points d'observation et de repère ; puis ils descendent peu à peu dans la vallée, attirés peut-être par le voisinage de la rivière ; ils pénètrent dans un des kraals, s'y établissent, et font desseller les chevaux. J'ai pris part à plusieurs de ces reconnaissances, je ne sache pas qu'il y ait eu exemple d'une imprudence pareille du moins à une aussi grande distance de la frontière.

« Il est certain que le choix de cette halte fatale appartient au lieutenant Carey, et à lui seul. »

C'est M. Deléage qui s'exprime ainsi, quelques semaines après avoir écrit dans le *Figaro :*

« On est allé jusqu'à accuser le lieutenant Carey d'assassinat politique. Devant de telles accusations, il n'y a qu'à lever les épaules. »

Enfin, le lieutenant Carey connaissait-il son métier, ou n'était-il qu'un vulgaire imbécile ?

Le lieutenant, sorti des écoles, parti au Cap comme volontaire, était réputé dans l'armée comme un des officiers les plus expérimentés, connaissant à merveille et le terrain des opérations, et les mœurs des Zoulous. Eh bien, cet officier expérimenté part à quatorze milles en avant de l'avant-garde. Il a mission de veiller sur un Prince qu'on lui a confié. Il n'est accompagné que de quelques hommes. Il arrive dans le pays même occupé par l'ennemi. Tout d'abord, il s'installe, lui et son escorte, au sommet des montagnes, reste là pendant une heure, ne doutant pas un seul instant que lui et ses hommes n'aient été aperçus par les Cafres qui occupent la vallée. Au bout d'un certain temps, il abandonne le sommet des montagnes, position qui lui permettait de voir les mouvements de l'ennemi et de ne redouter aucune surprise. Il descend alors dans la vallée, au milieu des champs de maïs qui peuvent dissimuler plusieurs milliers d'ennemis. Il va s'installer au milieu d'un kraal qu'il savait habité quelques minutes auparavant. Mais une fois là, prend-il au moins la vulgaire précaution d'ordonner à ses hommes de se tenir prêts à toute alerte ? Non ! il fait desseller les chevaux et dessine tranquillement tandis que ses hommes préparent le café ! Mais, dira t-on, lui-même risquait sa vie ! Erreur, si le lieutenant Carey avait trouvé la mort auprès du Prince nous ne pourrions que l'accuser de fatale imprévoyance dans le choix de la halte. Mais, pendant que le Prince tombait sous les coups d'assagayes, Carey s'enfuyait, lui, sans blessure aucune. Pendant que le Prince tombait, Carey disait : me voilà capitaine. Cet homme ne fut pas un imprudent, mais bien un assassin !

A peine les Zoulous virent-ils la petite expédition descendre vers leur kraal, qu'ils s'empressèrent d'aller prendre sur la montagne la position qu'elle venait d'abandonner, et ce fut à leur tour de surveiller les mouvements de l'ennemi.

Et le *Zoulou ami*, que devenait-il pendant ce temps-là? Il devait connaitre, lui, et les mœurs de ses concitoyens et le danger couru par le détachement anglais. Il avait bien dû comprendre que le kraal occupé maintenant par Carey venait d'être abandonné à l'instant même. Le Zoulou ami ne dit rien, ou plutôt si : il avertit ses congénères, quand le moment d'agir fut arrivé.

Reprenons le récit de **M. Deléage**, qui,

après avoir raconté la brusque apparition des Zoulous, arrive au moment où le Prince fut abandonné par son escorte :

« Il résulte un point certain et réel, c'est que le Prince, mettant le pied à l'étrier, donna immédiatement quelques ordres brefs et rapides pour maintenir ses hommes, et réprimer tout affolement : mais il résulte d'une façon plus certaine et plus absolue encore, ceci, c'est que lieutenant et volontaires, laissant là le Prince et ses commandements, prirent la fuite immédiatement.

« Le lieutenant Carey était près du prince, et partit le premier au galop ; quatre volontaires suivirent et le cheval du Prince, sans attendre que son cavalier fut en selle, partit à son tour. Non pas que ce cheval, habituellement fort paisible, eut été effaré par quelque cri ou par la brusquerie de l'attaque, mais c'était un cheval de la colonie, lequel, comme tous les chevaux de cette contrée, habitués à marcher en troupe, se mit immédiatement à prendre l'allure des chevaux qui l'entouraient.

« Alors dut avoir lieu cette poursuite horrible des Cafres, cherchant à atteindre celui qu'ils pouvaient déjà considérer comme leur victime, et du Prince, essayant de son côté de rejoindre sa monture ; enfin, le Prince, du moins la chose est présumable, parvint à saisir un des sacs d'arçon, et à s'y cramponner ; pour une seconde, il dut se croire sauvé, et il sautait déjà en selle, lorsque l'attache de cuir qui relie les sacs entre eux cédant sous l'effort se rompit brusquement.

« Le malheureux Prince, une fois encore, perdit l'équilibre ; cette fois c'était fini ; le cheval précipita sa course et toute espérance s'enfuit avec lui.

« Le Prince était seul et bien seul.

« A ce moment, le lieutenant traversait

lui-même le donga sur un autre point, il vit le cheval sans son cavalier, et n'en continua pas moins sa course folle ».

Quand nous parlerons plus tard du procès du lieutenant Carey, nous verrons que cet officier alléguait pour sa défense, que le Prince ayant seul le commandement de l'expédition devait être seul accusé de ce qui était arrivé. Un conseil de guerre français l'eut immédiatement pris au mot et, l'accusant de l'abandon de son chef devant l'ennemi, se serait empressé de le faire fusiller dans les vingt-quatre heures.

Car, l'abandon est il assez complet, assez cynique! Les annales militaires d'un pays quelconque offrent-elles l'exemple d'une aussi monstrueuse désertion? Non, la lâcheté ne peut aller si loin. Que Carey ait été un lâche, oui, que les volontaires qui l'accompagnaient fussent aussi des lâches, ce n'est pas douteux. Mais il n'y a pas que de la lâcheté là-dedans, car la lâcheté elle-même a ses limites!

Lorsque les Zoulous arrivèrent sur le Prince, ils firent une décharge générale de mousqueterie. Le Prince ne fut pas atteint, mais les deux volontaires, qui se trouvaient à sa droite, tombèrent mortellement atteints. Par un singulier hasard, tous ceux qui se trouvaient à sa gauche près du lieutenant Carey ne reçurent aucune blessure. Comme nous l'avons dit ailleurs, c'est d'une balle que devait mourir le Prince. En effet, les Cafres jugèrent tout à fait inutile de s'approcher tout près du campement : ils s'arrêtèrent à deux cents yards environ et de là firent feu. Le Prince ayant échappé aux balles, il fallait aux sauvages parcourir ces deux cents yards, afin de pouvoir lancer leurs assagayes contre leur victime. Pendant qu'ils faisaient ce chemin, le Prince avait le temps de sauter dix fois à cheval. Que fallait-il pour cela? Que Carey et ses hommes attendissent quelques secondes avant de donner de l'éperon dans le ventre de leur monture. Mais c'était Carey qui avait assigné à chacun sa place. Sur la droite il avait laissé les deux volontaires, qui étaient d'avance sacrifiés pour faire croire à la réalité de l'embuscade; sur la gauche, au contraire, se tenaient les hommes embauchés par lui, et prévenus de ce qui devait se passer. Ceux-là suivaient les gestes du lieutenant et lorsque ce dernier leur fit signe que les Zoulous arrivaient, ils firent ce qui leur avait été commandé: ils se sauvèrent. Et assurément le galop des chevaux dut se produire en même temps que la fusillade. Le Prince entendit simultanément et le pas des chevaux s'éloignant et la détonation des fusils. D'un même coup d'œil il vit tomber les volontaires placés à sa droite et fuir ceux qui étaient à sa gauche. Il se retourna alors, bondit vers son cheval, qui était là, le touchant quelques secondes auparavant, mais il le vit s'éloigner avec ceux des volontaires.

On a dit que ce cheval, qui d'ailleurs portait un nom prédestiné, il s'appelait *fate*, c'est-à-dire *destin*, avait fait ce que font tous les chevaux de la colonie habitués à marcher en troupe. D'abord, nous ferons remarquer que tous les chevaux des régiments de cavalerie en France en font autant, à l'exception cependant des chevaux d'officiers, qui eux sont dressés. Le cheval offert au Prince par lord Chelmsford était-il ou non un cheval d'officier? Si oui, il était dressé, et eut attendu son cavalier; si non, il y avait là une bien singulière négligence. Il y a d'ailleurs une autre remarque à faire. Deux volontaires ont été tués. Ces volontaires étaient montés. Que sont devenus leurs chevaux? Eux aussi étaient des chevaux de la colonie, comment n'ont-ils pas fait comme la monture du Prince! Non seulement ils n'ont pas suivi Carey et son escorte au moment de son départ, mais ils ne l'ont même pas suivi après, et ont été pris par les sauvages. Il n'y avait donc que le cheval du Prince ainsi habitué à se sauver!

Enfin, le cheval se sauve. Le Prince court après, et, *selon toute vraisemblance*, a soin de faire remarquer M. Deléage, il parvient à se cramponner à un sac d'arçon, mais la courroie casse, et le Prince tombe à la renverse.

Cette histoire ne nous paraît pas du tout vraisemblable. Lomas, l'ordonnance du Prince, qui au moment du départ avait sellé le cheval, a avoué qu'il ne pouvait croire à cette rupture de courroie.

« Le cuir que j'avais astiqué la veille au soir était tout neuf, a-t-il dit, je ne puis comprendre comment il s'est ainsi brisé. »

Ah! ceci nous prouve bien que toutes les précautions étaient prises !

Le Prince tomberait sans doute à la première décharge de mousqueterie ; mais s'il ne tombait pas alors le cheval se sauverait avec ceux des volontaires ; si contre toute attente le prince rattrapait sa monture, il ne prendrait certainement pas le temps, lui, l'incomparable voltigeur, de mettre le pied à l'étrier, il se contenterait de saisir le sac d'arçon, mais alors la courroie se briserait sous sa main ! Comment peut-on admettre, en effet, que le poids du corps eut fait rompre cette courroie que Lomas avait vue très solide le matin même ! L'admettre serait une folie !

Alors qu'il était à Durban, le Prince

regardait un matin le dressage d'un cheval tout-à-fait fougueux. Pas un cavalier n'avait pu se tenir en selle seulement quelques minutes. À un moment, le cheval qui venait de désarçonner encore une fois son cavalier, passa au galop devant le Prince. Son Altesse ne prit point la peine de l'arrêter, mais sauta sur son dos sans même prendre le moindre élan. Ce que de sang-froid il avait fait à Durban, rien ne l'eut empêché de le recommencer, surtout au moment où il sentait la mort à quelques pas de lui.

Si donc le Prince, poursuivi par cinquante Zoulous, eût pu rattraper son cheval, nul doute que le sac d'arçon, même rompu, ne l'eut pas empêché d'enfourcher sa monture. Leste comme il l'était, ce n'eut été qu'un jeu pour lui d'attraper la crinière et de passer la jambe. Mais le cheval lancé à toute vitesse ne put-être rejoint, et le malheu-

reux Prince essoufflé, dût bientôt s'arrêter pour tenir tête à l'ennemi. Ceci
prouve que la courroie avait été coupée
pendant la halte.

La lutte, on devine ce qu'elle dût être.
Les dix-sept blessures reçues par le
Prince en pleine poitrine montrent qu'il
a chèrement vendu sa vie.

Nous avons déjà parlé de la découverte du corps. Nous n'y reviendrons
que pour faire une courte remarque.

Placés sous la tête du Prince, et placés afin qu'ils fussent découverts, on
trouva deux objets : une chaîne et un
médaillon. Comment les Zoulous, si
amateurs de verroterie, avaient-ils laissé
là ces objets ? Eux, qui, pour une pièce
de billon, pour un objet clinquant de valeur aucune, donneraient tout ce qu'ils
possèdent, auraient abandonné les deux
seules choses qui devaient allumer leur
convoitise ? Allons donc ! On a dit que

par superstition ils n'avaient osé toucher à ces objets, mais alors, comment cette chaine et ce médaillon avaient-ils été mis sous la tête du Prince ? Qui les y avait placés? Ceci, c'est une suite du corps non mutilé. Ces objets avaient été laissés là par ordre, pour aider aux constatations d'identité !

CHAPITRE VII

Ce qui se disait à Paris pendant la guerre du Cap

L'émotion, nous l'avons déjà dit, fut immense en France à la nouvelle du départ du Prince pour l'Afrique.

Le parti bonapartiste, qui chaque matin attendait un débarquement de son jeune Empereur, ne comprit pas comment le Prince pouvait à ce moment abandonner l'Europe. Cette guerre de sauvages, cette longue traversée où pas un ami sincère ne veillerait sur les jours du Prince, c'était l'imprévu. En Angleterre, on avait établi une active surveillance autour de Cambden-Place, et les policemen anglais savaient faire prendre le large à toute figure suspecte. Mais là-bas ! les assassins auraient beau jeu.

Les républicains, eux, ne surent pas déguiser leur joie et leur espérance.

Un ami du Prince Impérial, avec qui nous avons eu la bonne fortune de passer récemment une soirée, nous disait : « Je voyais en ce temps-là d'une façon très assidue un député républicain. Quelques jours après le départ du Prince, je causais avec lui.

— Eh bien, me dit-il, êtes-vous allé faire vos adieux au Prince Impérial?

— Non, répondis-je. J'étais alité, et cependant j'aurais été bien heureux de dire au revoir à Son Altesse.

— Non, non, *adieu*, mais pas *au revoir*.

— Et pourquoi?

— Parce que vous ne le reverrez jamais. Je ne veux point jouer au prophète, mais, croyez-moi, le Prince sera tué au Zoulouland.

Ce député républicain était un familier de Gambetta.

Un autre, également ami de Gambetta, et qui est aujourd'hui sénateur, faisait chaque jour le voyage de Versailles dans le même compartiment qu'un jeune député membre du groupe de l'Appel au Peuple. Tout d'abord, on parla du départ du Prince Impérial, sans ajouter à ce départ une trop grande importance. Mais dans les derniers jours de mai, l'attitude du député républicain changea complètement. Invariablement, il engageait ainsi la conversation :

— Mais, mon cher collègue, que feriez-vous si le Prince Impérial était tué? — Tout arrive, et ces sauvages sont, paraît-il, très bien armés !

Ces phrases étaient d'ailleurs toujours accompagnées d'un sourire énigmatique, comme devrait en avoir le bourreau, s'il entendait un condamné lui demander si son recours en grâce a été accepté.

Lorsque le Prince fut malade à Durban, les journaux républicains furent les premiers à annoncer la nouvelle. Mais ce qui est tout au moins aussi curieux, c'est que la nouvelle de la mort du Prince fut deux fois publiée, avant qu'elle ne put encore matériellement être connue.

Le 19 mai, un journal radical annonça que le Prince avait été tué dans une reconnaissance, faite en pleine nuit. Les Zoulous l'avaient surpris et massacré ainsi que son escorte.

Or, remarquez la coïncidence. Cette nouvelle est publiée le 19, et le 18, le Prince a passé la nuit au milieu des montagnes dans des conditions telles que tout le monde disait le lendemain : « C'est un miracle que nous n'ayons pas été attaqués. »

C'est le 1ᵉʳ juin, à trois heures et demie, que le Prince fut tué. Le même jour et à la même heure, le bruit courait à Paris que le Prince était mort. Cette fois, on était encore plus précis que la première. Le Prince, racontait-on, avait dépassé de plusieurs milles la tête de la colonne. Puis il avait fait halte et, surpris par les Zoulous, il était mort frappé d'une balle en pleine poitrine.

La nouvelle de la mort ne pouvait matériellement être connue que plusieurs jours après l'événement. Comment donc ces bruits avaient-ils pu prendre naissance?

D'une façon bien simple. Les délégués des loges maçonniques, envoyés au Cap, avaient prévenu les loges que le 18 une reconnaissance aurait lieu, et que ce jour-là le Prince serait tué. Dès le lendemain, les républicains s'empressaient d'annoncer la bonne nouvelle.

Pour une cause inconnue, l'événement, qui n'avait pas eu lieu le 18 mai, fut remis au 1ᵉʳ juin, et ce qui s'était passé quinze jours auparavant se renouvela encore une fois. On annonça la mort, sans comprendre toute l'importance qu'aurait pour l'historien futur cette nouvelle si prématurément mise en circulation.

La joie l'avait emporté sur la prudence.

CHAPITRE VIII

Le Procès du lieutenant Carey

Nous n'avons pas eu l'intention, en écrivant ce livre, de jeter l'injure sur toute l'armée anglaise. Assurément il y avait en cette armée de braves et courageux officiers qui auraient préféré mille fois briser leur épée que de jouer le rôle de Carey.

Lorsque la position du cadavre et le récit des volontaires eurent démontré toute la lâcheté du lieutenant Carey, il n'y eût qu'un cri dans l'armée pour demander contre le coupable une punition exemplaire.

Seul, lord Chelmsford semblait demander que le silence fut fait autour du sombre drame du 1er juin. Non pas, nous le répétons encore, que le général en chef eût été le complice de Carey avant la mort du Prince, mais, comme nous l'avons déjà dit, il l'avait été après. Il craignait l'effroyable scandale qui peut-être allait éclater au milieu du Conseil de guerre. Néanmoins il fallut céder, Carey fut renvoyé d'abord devant un Conseil d'enquête.

Il était un autre officier tout aussi coupable que Carey qui, lui aussi, méritait un châtiment exemplaire : c'était le colonel Harrisson. Fut-il en même temps renvoyé devant le Conseil d'enquête ? Oui, mais en qualité de président !

Les deux complices allaient se juger l'un l'autre !

Malheureusement pour Carey, le colonel Harrisson ne formait pas à lui seul le Conseil d'enquête. Ah! certes, le colonel qui avait si bien veillé sur la personne du Prince, fit tout ce qui lui était humainement possible de faire pour sauver le lieutenant! Il ne put y parvenir. La majorité du Conseil jugea indigne la conduite du lieutenant Carey, qui, accusé de désertion devant l'ennemi, de manquements graves à ses devoirs d'officier, fut déféré à un Conseil de guerre. Les dépositions des volontaires avaient été accablantes pour le lieutenant. Il ne les avait sans doute pas payés assez cher.

« Je me suis retourné sur ma selle, disait l'un, à ce moment j'ai vu le Prince foulé aux pieds de son cheval. J'ai crié au lieutenant auprès de qui je me trouvais : le Prince vient de tomber. Il ne me répondit qu'un seul mot : Vite ; et, enfonçant ses éperons dans les flancs de son cheval, prit un galop encore plus rapide. »

Le Conseil d'enquête avait fait tout son devoir. Qu'allait faire maintenant le Conseil de guerre?

Ce qu'il fit on ne l'a jamais su, et ce n'est pas encore une des choses les moins curieuses de cette sombre histoire.

Après une assez courte délibération, le Conseil rendit son arrêt, le fit porter au général en chef qui ordonna de le tenir secret. Les uns affirmèrent que le lieutenant avait été chassé de l'armée ; d'autres prétendirent, au contraire, qu'il avait été condamné à mort! Lord Chelmsford, dégoûté, écœuré, renvoya le lieutenant en Angleterre, et, en même temps, donna sa démission. Assurément le Conseil de guerre avait frappé, car le lieutenant sortit de l'audience, pâle, les yeux égarés, et se rendit immédiatement aux arrêts : arrêts qu'il ne quitta pas d'ailleurs, même pendant la traversée.

Qu'avait pu faire le Conseil de guerre?

Qu'avait bien pu alléguer Carey pour sa défense?

Commandait-il l'expédition? Alors il était coupable : 1° de s'être enfoncé à trois milles plus loin qu'il n'eût dû le faire; 2° d'avoir choisi pour point de halte une position indéfendable, où un véritable corps d'armée eût pu se faire massacrer tout entier; 3° de s'être sauvé sans avoir attendu que le ralliement se fut accompli, en abandonnant trois soldats et un officier.

Est-ce, au contraire, le Prince qui commandait l'expédition? La culpabilité du lieutenant Carey n'en est que plus complète. Plus vieux en grade que le Prince, connaissant beaucoup mieux que ce dernier les services des reconnaissances, il eût dû conserver le commandement, que le Prince, observateur fidèle de la discipline, ne lui eût d'ailleurs point disputé. Si toutefois il eût laissé ce commandement au Prince, son cas, comme nous l'avons déjà dit, devenait bien plus grave : accusé d'abandon de son chef aux prises avec l'ennemi, il ne méritait même pas l'honneur de douze balles dans la poitrine; il n'était digne que de la corde.

Carey revint donc en Angleterre, et dès lors il se posa en victime et en héros. Les habitants de sa ville natale, qui nous font l'effet d'avoir une singulière idée des devoirs d'officier, lui envoyèrent une adresse de sympathie. Carey leur répondit que la terrible épreuve qu'il venait de subir l'avait beaucoup contrarié, mais qu'il attendait patiemment le moment où on lui rendrait justice (*sic*).

La décision du Conseil de guerre ne faisait point, comme on le voit, trop de peur à Carey, et, dans un entretien avec un journaliste français, il éclatait de rire en parlant de la nouvelle du *Pall Mall*

Gazette, annonçant que le Conseil de guerre l'avait condamné à mort.

« Je voudrais, disait-il, que la décision du Conseil de guerre fut rendue publique. On verrait que mes camarades m'ont, au contraire, félicité. »

Soit; mais alors pourquoi l'avait-on mis aux arrêts à la sortie de l'audience?

Trois jours après son arrivée, le lieutenant Carey reçut son *châtiment*. Il était nommé capitaine. En apprenant cette décision du duc de Cambridge, il dut assurément se dire : « Fasse le ciel que j'aie, l'année prochaine, un autre prince à faire assassiner : je serai nommé colonel! »

En même temps, lord Chelmsford qui lui aussi rentrait en Europe, était nommé Commandeur de l'ordre du Bain!

Tout le monde était content !

Et pendant que le Prince dormait son dernier sommeil sous la froide dalle de

9.

Chislehurst, Gambetta, roulant joyeusement son œil unique, s'écriait : « Si le cléricalisme est l'ennemi, la Franc-Maçonnerie est le salut! »

CHAPITRE IX

La nouvelle de la mort en France et en Europe.

La nouvelle de la mort du Prince n'arriva en Europe que le 20 juin.

A minuit moins quelques minutes, alors qu'aucune dépêche n'était encore parvenue aux plus fidèles amis du Prince, M. Grévy faisait appeler M. le ministre de l'Intérieur, et lui annonçait confidentiellement la mort du fils de Napoléon III. A la même heure, M. Gambetta recevait la même nouvelle dans une dépêche que lui envoyait, disait-il, un membre du Parlement anglais.

Il faut reconnaître qu'au point de vue

de la rapidité de l'information la Franc-Maçonnerie était remarquablement organisée !

Certes nous ne nous étonnons point du peu de regret manifesté en cette circonstance par les républicains, mais la joie de ces gens là fut vraiment trop bruyante.

Il faut reconnaître néanmoins que bien peu allèrent jusqu'à insulter la malheureuse victime du Zoulouland. Il y eut cependent ce gâteux doublé d'une canaille qui avait nom Emile de Girardin, et qui, sur le point de rendre son âme au dieu des voleurs, avait cru devoir lancer une bordée d'outrages sur ce cercueil qui passait.

La Franc-Maçonnerie ne pût, elle aussi, s'empêcher de lancer sa bave, et elle commanda à un homme qu'elle avait égaré, et qui depuis lui a chèrement fait payer les fautes qu'elle lui avait fait commettre, cet immonde pamphlet qui avait pour titre : *Il a claqué le pauvre chéri !*

Mais la note fut la même dans tous les journaux républicains. Le mot d'ordre avait été donné et il fut religieusement suivi : un jeune homme venait de mourir. De cette mort on ne parlerait même pas, si elle n'entraînait avec elle la fin d'un parti.

Voilà, en peu de mots, le sens de tous les articles ressassés durant plusieurs semaines par tous les organes républicains.

La République était sauvée !

Et chose plus curieuse, cette note ne se retrouve pas seulement chez les seuls journaux républicains de France, mais aussi dans la plupart des journaux libéraux anglais et allemands.

Le *Times* :

« C'est avec un profond regret que nous enregistrons la mort du Prince

Impérial. Son père avait été le plus fidèle allié de l'Angleterre, et nos sympathies se portaient naturellement vers son jeune héritier.

« L'Angleterre fera à ce volontaire les funérailles qu'il mérite. Mais que nos voisins ne voient pas là une manifestation politique. Avec le fils de l'Empereur est morte la légende napoléonienne, le peuple anglais ne peut plus maintenant que faire des vœux sincères pour l'affermissement de la République en France. »

Le *Daily News* :

« La fin soudaine du Prince Louis-Napoléon a pour toujours détruit les espérances du parti le plus fort et le plus entreprenant parmi ceux qui combattent la République. »

Le *Pall Mall Gazette* :

« Les bonapartistes survivront peut-être à la mort de celui qui était leur chef : le bonapartisme n'y survivra pas, et c'était le seul parti qui pouvait inspirer des craintes au Gouvernement de la France. »

A quelques jours de là, en plein Parlement anglais, des députés libéraux viendront protester contre le projet qui tend à déposer à Westminster les restes du Prince Impérial. Et ils le feront en couvrant de fleurs le gouvernement de la République, en insultant de la façon la plus grossière Napoléon Ier et Napoléon III.

Mais, écoutez un peu les journaux allemands. M. de Bismarck était inquiet du sort de la République. C'était là le Gouvernement qu'il voulait à la France. Avec les hommes de la Défense Nationale au pouvoir, il n'avait rien à craindre. Aussi voyez la joie de ses reptiles.

La Gazette de l'Allemagne du Nord :

« Sur ce jeune homme de vingt-trois ans, qui s'était acquis les sympathies de la maison royale d'Angleterre, l'amitié du roi Alphonse XII, à qui également l'Empereur de Russie, lors de son récent séjour en Angleterre, avait donné des témoignages de sa faveur et de sa bienveillance, sur ce jeune homme reposaient les espérances d'une fraction considérable du peuple français.

« Et maintenant le Prince Jérôme et ses enfants n'hériteront certainement d'autre chose que du nom de Napoléon. »

La Post et *la Gazette de Voss* estiment que le Prince qui vient de mourir était le seul prétendant au trône que pouvait craindre la République. Maintenant la République peut être satisfaite.

La Gazette d'Augsbourg :

« Nous ne croyons pas trop dire, en affirmant que le Cap de Bonne-Espérance, où le jeune Prince voulait relever l'éclat de sa race, est devenu le tombeau du bonapartisme, et que, pour le bien du monde, le bonapartisme ne sortira plus jamais de cette tombe. »

Le Journal d'Alsace :

« La mort du Prince Louis-Napoléon est un événement considérable. Avec lui s'éteint la plus redoutable des compétitions dynastiques contre lesquelles la République avait eu jusqu'alors à lutter pour défendre son existence. »

L'alliance est-elle assez complète ! La République était-elle assez félicitée par les organes de M. de Bismarck de cet heureux événement ! Mais, comme nous l'avons dit dans notre premier chapitre, le mot République, en 1879, n'avait que cette signification : la chose à Gambetta. C'est donc le président de la Chambre seul qui recevait ces félicitations et ces compliments. Il les avait bien gagnés !

De ce jour, il se crut le maître absolu de la France, et le corps du Prince n'était pas arrivé en Europe que le pays était déjà inondé d'une infecte brochure, intitulée : *Biographie de Gambetta*.

Heureusement pour la France, un pistolet, armé cette fois encore par le bras de la Franc-Maçonnerie, devait, trois ans plus tard, couper court aux ambitieuses visées du fou furieux.

Le Prince Impérial, lui, était au moins mort en soldat, frappé en pleine poitrine de dix-sept coups d'assagayes. Gambetta finit comme devait finir le maître de Trompette, d'une balle au ventre.

Quelques mois plus tard, son complice, le misérable Carey, tombait à son tour, à l'âge de trente-six ans, frappé, lui aussi, par ceux-là qui, autrefois, lui avaient armé le bras.

Le châtiment ne s'était pas fait longtemps attendre !

CHAPITRE X

Les Récits. — Le Livre de M. Deléage

Grâce aux précautions prises par les gouvernements français et anglais, pas un ami du Prince, nous l'avons déjà dit, n'avait pu partir pour l'Afrique. Certes, ils étaient nombreux les hommes de cœur qui eussent préféré braver les dangers d'une longue traversée et d'une guerre d'embuscades, plutôt que de laisser le fils de l'Empereur seul et abandonné au milieu des mercenaires de l'armée anglaise. Mais l'impitoyable consigne fut la même pour tous. Les journaux français eux-mêmes, prévenus, le 26 février au matin, de la résolution prise par le Prince, et sachant que le départ avait lieu le lendemain, ne purent envoyer des correspondants à la suite de Son Altesse, et certes le *Gaulois*, le *Figaro*, le *Pays*, l'*Ordre* n'y eussent pas manqué. Au moins, si des correspondants de ces journaux eussent été là-bas, peut-être eussent-ils pu déjouer les infâmes machinations des loges maçonniques, ou tout au moins nous donner la vérité vraie de ce qui se serait passé.

Mais, au lieu de ces versions, qu'avons-nous? Des récits d'officiers anglais, et pas autre chose.

Les rapports, autant ceux de lord Chelmsford, que ceux de Carey et ceux du colonel Harrisson, sont copiés sur le même patron. Tous expriment une immense quantité de regrets, pour la fin tragique du *regretté Prince Impérial*, mais se tiennent dans une réserve aussi prudente que machiavélique.

Lors des funérailles, le correspondant du *Gaulois* à Londres eut, avec Lomas, l'ordonnance du Prince, une longue conversation.

Lomas, qui gardait d'ailleurs une attitude très circonspecte et très étudiée, voulut bien se déboutonner devant le journaliste parisien, et il récita fort bien la leçon qui lui avait été apprise. Il raconta avec un sérieux digne d'une meilleure cause, l'histoire de la chaîne et du médaillon trouvés par lui sous la tête du Prince, mais il eut soin d'affirmer que les Zoulous, très superstitieux, n'avaient garde de toucher à des objets d'or. Comme nous l'avons déjà dit, les mœurs des Zoulous montrent toute l'absurdité d'une pareille affirmation. Quant au corps non mutilé, Lomas prétendit que les Zoulous n'ont pas eu le temps de lui arracher les intestins. Ce n'était point, en tout cas, la faute de lord Chelmsford qui, pour ce faire, avait accordé une nuit entière !

Lomas n'est pas dur non plus pour Carey. Il l'accuse cependant d'avoir manqué de sang-froid. Mais où la sollicitude de l'ancien ordonnance du Prince se manifeste de la façon la plus vive c'est pour le Zoulou ami. Lomas nous jure que celui-là était un excellent serviteur. On n'est pas plus aimable !

Mais, dira le lecteur, il reste le récit de M. Deléage, de M. Deléage envoyé par le *Figaro*, de M. Deléage l'ami du Prince. Oui, ce récit nous reste, et, pour notre part, nous y avons puisé à pleines mains, tout en prenant la contre-partie, et voici pourquoi.

Ce pourquoi, il est difficile à dire, car il sera la condamnation absolue non seulement du récit de M. Deléage, mais encore de M. Deléage lui-même.

Il est non seulement difficile à dire,

mais sera même pour beaucoup de personnes difficile à croire. M. le baron Tristan Lambert, qui a connu M. Deléage et qui a gardé de lui un excellent souvenir, ne peut admettre la mauvaise foi du correspondant du *Figaro*. Néanmoins nous sommes en mesure de pouvoir garantir l'authenticité de notre récit.

Eh bien, M. Deléage n'a jamais été làbas que le correspondant occasionnel du *Figaro*, M. Deléage n'a jamais vu le corps du Prince étendu dans le kraal près de la *Blood River*, et M. Deléage n'a fait que nous donner comme siennes les impressions à lui transmises par les officiers anglais, qu'il rejoignit à Durban et avec qui il se rendit en Europe.

Au début de son livre, M. Deléage nous raconte qu'il partit quinze jours après le Prince. En réalité, il partit un mois auparavant. Savait-il en partant que le Prince se rendrait bientôt en Afrique? Avait-il été averti, comme l'ont affirmé certains journaux américains, — affirmations qui furent la cause d'une bien curieuse conversation dans les bureaux du *Figaro*, — de la sanglante tragédie qui allait se passer si loin de l'Europe? Comment s'en alla-t-il? Pour y jouer un rôle ou pour en être simplement le complaisant historiographe? Nous l'ignorons. Il partait, à ce que l'on nous a dit du moins, à la recherche de mines de diamants. De diamants, il n'en rapporta aucun, mais il écrivit *Trois mois chez les Zoulous*, ce qui pour les officiers anglais fut une perle précieuse. L'histoire de son voyage en compagnie de l'Anglais mystérieux n'en est que plus curieuse, car elle nous montre que les officiers anglais dont M. Deléage nous a rapporté les impressions, avaient, eux aussi, remarqué l'allée et venue des délégués Francs-Maçons. Malheureusement M. Deléage nous raconte que sa traversée s'opéra dans le courant de mars : en réalité elle eut lieu en janvier.

Quelques jours après le départ du Prince Impérial, le directeur du *Figaro* reçut une lettre de M. Deléage, où ce dernier lui demandait, s'il pouvait envoyer des correspondances sur les opérations de l'armée anglaise et sur le Prince. La proposition fut naturellement acceptée, et voilà comment M. Deléage put se donner à son retour en Europe comme envoyé spécialement par le *Figaro*.

Il y avait une nuance.

Mais au moins M. Deléage vit-il, comme il nous le raconte, le Prince pendant son séjour à Durban ? Le vit-il le matin du 1ᵉʳ juin, lors du départ de la petite troupe commandée par Carey ? Le vit-il, le lendemain matin, étendu au fond du kraal?

En aucune façon. M. Deléage n'aperçut jamais le Prince. Avant le fatal événement du 1er juin, M. Deléage n'avait encore envoyé qu'une très courte correspondance au *Figaro*, correspondance fabriquée à plusieurs milles du théâtre de la guerre. Lorsque, quelques jours plus tard, il apprit la mort de Son Altesse, il rejoignit Durban à marches forcées, et y arriva quelques jours avant le corps du Prince. Là, il trouva les officiers envoyés pour escorter le corps, et grâce à leurs récits, il put fabriquer le sien, en se donnant un rôle qu'il n'avait jamais joué.

Il revint en Europe, en même temps que le corps, à bord de l'*Orontes*, et là encore, il se posa comme le seul Français qui avait vu le Prince depuis sa mort. Au *Figaro*, il envoya le récit de la

découverte du corps, récit que lui avait
fait un des *bassutos* partis, le 2 juin, avec
le général Marschall, et qui avait été désigné pour conduire le chariot qui rame-
nait le cadavre à Durban. A l'Impératrice,
il rapporta le morceau de terre glaise où
s'était enfoncée la tête du Prince, relique
précieuse que lui avait remis un officier.
Aux autres, il raconta ses démêlés avec
le général en chef, démêlés dont le correspondant d'un journal américain avait
été le héros.

Voilà ce qu'est le récit de M. Deléage,
récit qui n'est, depuis la première ligne
jusqu'à la dernière, qu'une véritable *in-
terview* des officiers anglais.

Comprend-on maintenant pourquoi
nous en avons combattu les conclusions
avec autant d'acharnement. Ce récit n'est
qu'un long mensonge depuis le commencement jusqu'à la fin. Par moments, il
est sévère pour le lieutenant Carey. C'est

tout naturel : les officiers qui en avaient donné le canevas à M. Deléage ne demandaient qu'à noyer Carey, afin de pouvoir se blanchir eux-mêmes.

En somme, pas plus l'historien de la présente génération que l'Impératrice elle-même, ne sauront exactement toutes les circonstances qui ont entouré la mort du Prince et la découverte de son corps. Tant qu'il y aura un acteur de cette sombre tragédie encore vivant, l'Anglais ne parlera pas, et pas un Français n'était là, à l'exception, cependant, des délégués franc-maçons qui ont tous, à l'heure présente, de bonnes raisons pour ne rien dire.

CHAPITRE XI

Anecdotes et récits divers

Cette mort mystérieuse du Prince Impérial a déjà occupé l'esprit de bon nombre d'écrivains ou d'historiens.

Quelques jours à peine après la fatale nouvelle, M. Louis Veuillot écrivait : « Le public ne se lasse pas de s'entretenir de cette mort où il entrevoit une *tragédie* dont le *mystère* n'est pas encore dévoilé. »

Dans son « *Journal de dix ans* », *Fidus*, après avoir écrit cette phrase qui résume bien sa pensée et qui prouve que nous sommes en parfaite communauté d'idée à ce sujet : « Je n'ose me prononcer, mais je le dis avec la plus entière conviction : Il est des sectaires et des hommes avides, capables de tous les attentats, pour assurer la réalisation de leurs rêves et la satisfaction de leurs appétits », raconte l'anecdote suivante :

« Un journal anglais a publié la déclaration, à son lit de mort, d'un communard qui a avoué que le Prince Impérial avait été vraiment assassiné par ordre des hommes qui nous gouvernent et qui l'avaient acheté, lui, 50,000 francs, lesquels furent payés à Genève. Il s'était rendu dans le Zoulouland où il avait pu s'entendre avec les sauvages, peut-être même avec le lieutenant Carey, afin de faire tomber le Prince dans un guet-apens, où il lui serait impossible de se défendre. Les républicains devaient, depuis longtemps, chercher le moyen de se débarrasser du seul homme qui pût renverser la République.

« Il était trop bien gardé en Angleterre pour qu'ils pussent réussir : j'ai vu, à Chislehurst, combien même les environs étaient surveillés par la police anglaise. Dès qu'il fut hors d'Angleterre, ils purent se dire qu'il était à eux. »

Allant encore plus loin, dans le quatrième volume de son journal intitulé le *Prince Impérial*, le même auteur raconte :

« Dans une des rues principales de Neuilly est un hôtel qui appartient à une personne de ma connaissance. Cet hôtel étant trop grand pour elle, elle en a loué la moitié. L'hôtel est double, et le perron, qui forme terrasse, est partagé par une grille couverte de lierre, de telle sorte que les habitants des deux parties de l'hôtel ne peuvent se voir, mais entendent ce qui se dit des deux côtés de la grille. Le locataire de M*** est un des personnages importants du parti républicain. Or, deux ou trois jours après que la nouvelle de la mort du Prince fut arrivée à Paris, il y avait grand dîner chez ce locataire, et à la suite du dîner, toute la compagnie était réunie sur le perron. On était dans l'exaltation de la joie, on ne se contenait pas, et voici ce qu'avec horreur et indignation entendit M***, le propriétaire de l'hôtel. « Nous sommes sauvés, tôt ou tard il eût fallu l'assassiner : *mieux vaut que ce soit fait maintenant.* »

« Comment d'ailleurs, ajoute Fidus, ne pas le croire de la part des républicains, qui, depuis quelques mois, ont attenté à la vie de plusieurs souverains, et pour qui il était d'un si grand intérêt de ne pas laisser vivre le Prince, le seul qui eût des chances, le seul qui pût les chasser, et qui aurait été accueilli par un applaudissement universel. »

M. Eugène Loudun, avec qui nous avons eu le plaisir de passer toute une après-midi à parler de la noble victime du Zoulouland, nous a formellement assuré la véracité de ce récit:

« Deux jours après cette conversation, j'étais invité à dîner par le propriétaire de l'hôtel. Je le trouvai encore atterré et indigné: « Jamais, me dit-il, je n'aurais cru ces gens là aussi profondément scélérats. »

M. Loudun nous donna le nom du fameux républicain qui tint ce propos. Nous n'étonnerons certainement pas nos lecteurs en leur apprenant que c'était de plus un des chefs maçonniques.

Le comte de Chambord, nous a dit M. Tristan Lambert, aimait beaucoup à parler avec moi du malheureux Prince Impérial. Un jour il me pria de lui parler de la mort du Prince. Lorsque j'eus raconté tout ce que j'en savais, Henri V me dit :

— « Rien ne m'étonnerait si l'histoire démontrait un jour que ce pauvre Prince est tombé victime de la secte maçonnique. »

D'un autre côté, certains écrivains ne peuvent admettre que le Prince soit tombé dans un guet-apens.

Dans cet ordre d'idées, le *Gaulois* du 23 septembre dernier a publié un remarquable article signé *Memor*. Nous tenons à publier cet article dans son entier, et aussi à le faire suivre des réflexions qu'il comporte :

« Une sinistre légende a couru sur la mort du Prince Impérial et bon nombre de personnes croient encore que ce douloureux événement cachait un crime prémédité. Cet affreux soupçon doit être écarté, et les amis du Prince aimeront mieux avoir la certitude qu'il est mort à l'ennemi, non pas assassiné.

« Le voyage que fit au Zoulouland l'Impératrice elle-même, afin de tout voir, de tout savoir, sur les derniers moments de son fils bien-aimé ; l'enquête minutieuse faite par les ordres de la reine Victoria, qui envoya au Cap une mission spéciale chargée de relever tous les incidents qui avaient accompagnés la mort du Prince ; le témoignage de tous ceux qui ont assisté à l'événement ; tout prouve que c'est la lâcheté non pas la trahison qui l'abandonna seul au milieu des Zoulous qui l'ont massacré.

« Si le nom de Carey, l'officier qui commandait le détachement dont faisait partie le Prince Impérial au moment où il a trouvé la mort, est devenu odieux dans l'armée anglaise, c'est parce qu'il déshonora l'uniforme en fuyant lâchement, et non parce qu'il a livré le Prince à des assassins.

« Le 1er juin 1879, le capitaine du génie Carey reçut l'ordre d'aller dresser des plans pour étudier l'emplacement du nouveau camp que devait occuper l'armée anglaise. Le Prince exprima le désir de se joindre à cette expédition et, vers une heure, suivi de son groom, du capitaine Carey et de huit d'hommes d'escorte, il quittait le camp sous la conduite d'un Zoulou ami, qui devait les conduire versla rivière d'Ityotyosi le point à explorer, dont les Zoulous venaient d'être récemment délogés par les troupes anglaises.

« On avançait lentement au milieu des hautes herbes qui entravaient la marche du guide.

« A un kilomètre du camp, le Prince enfit l'observation.

— « Nous irions plus vite si le guide était monté, dit-il.

« Et, appelant son groom, il lui donna

l'ordre de céder son cheval au Zoulou et de retourner au camp.

« Cet homme hésita avant d'obéir.

« Il fit observer au Prince que sa présence serait peut-être nécessaire.

— « Que voulez-vous qu'il arrive? dit le Prince, et puis, les hommes d'escorte sont là qui vous remplaceraient au besoin.

« Sur un ordre réitéré, le groom laissa son cheval au Zoulou et regagna le camp à pied.

« La petite troupe, alors, prit une allure plus vive et, vers trois heures, on arrivait sur le lieu d'exploration.

« On était au bord de la rivière, auprès d'un kraal, ou village, récemment abandonné et en partie brûlé, et tout entouré de champs de blé mûr pour la moisson.

« Le Prince mit pied à terre. Carey donna l'ordre de dessangler les chevaux. Mais celui du Prince ne fut ni dessanglé ni débridé, et un homme le prit en mains. Le Prince se mit en devoir de dresser la topographie du pays.

« Vers quatre heures moins un quart, le capitaine Carey demanda au Prince s'il était disposé à partir.

— « Je vous demande encore dix minutes pour terminer mon travail.

« Carey donna l'ordre de ressangler les chevaux et, les dix minutes écoulées, le Prince lui-même ordonna de se mettre en selle. Il replaça dans les poches de son dolman les carnets de service sur lesquels il avait fait sa levée de plans et on lui amena son cheval.

« A ce moment même, une bande de Zoulous — ils étaient trente-six, venus là sans doute pour surveiller leurs récoltes — voyant une petite troupe de soldats anglais, s'étaient avancés en rampant à travers les blés sans être aperçus. Ils s'élancèrent en brandissant leurs assagayes et en poussant des cris sauvages. Carey et les soldats anglais lancèrent leurs chevaux et s'enfuirent. Le Prince Impérial, qui n'était pas encore à cheval, saisit le quartier de sa selle pour s'élancer. Très leste, très agile, constamment il sautait à cheval sans le secours des étriers.

« Le cheval, voyant fuir les autres chevaux, voulut les suivre sans doute; il dut donner une violente secousse. Le quartier de la selle, une selle d'ordonnance, céda sous la main du Prince, et se déchira comme une feuille de papier. Le Prince fut renversé. Il se releva aussitôt; son cheval était déjà loin. Embarrassé par ses lourdes bottes, il fit dix mètres en courant; puis, se sentant poursuivi, prêt à être rejoint par les Zoulous, il se retourna, tirant son sabre, et leur fit face; mais, presque aussitôt entouré, ses mouvements étant paralysés, il prit son revolver, en déchargea les six coups; puis, se voyant désarmé, il lança son revolver sur la figure d'un de ses adversaires. En même temps, il tombait frappé de dix-huit blessures. Plusieurs étaient mortelles.

*
* *

« Tous ces détails ont été recueillis de la bouche même des Zoulous qui avaient pris part à ce drame sanglant, par le colonel Villers, aujourd'hui attaché militaire à l'ambassade d'Angleterre à Paris.

« Ce fut lui que la Reine chargea d'aller au Cap pour faire une enquête sur toutes les circonstances qui avaient accompagné la mort du Prince Impérial. Après la pacification, c'est à l'aide de promesses et de présents que le colonel Villers obtint des Zoulous, eux-mêmes, le récit minutieux des derniers moments du Prince.

« Après les avoir tous interrogés séparément, après avoir fait concorder leurs témoignages, le colonel Villers les réunit et obtint la reproduction exacte du drame sanglant.

— « Il ne disait rien, rapportèrent les Zoulous; mais il se jeta sur nous comme un jeune « tigre ».

« Lorsqu'ils apprirent quel était celui qu'ils avaient massacré :

— « Si nous avions su qui c'était, s'il avait dit seulement : « Napoléon », nous l'aurions épargné.

« Cependant le général Wood, qui commandait le camp et sous les ordres duquel le Prince était placé, rentrant à la suite d'une exploration qu'il avait faite lui-même, apprit que le Prince s'était joint à la petite expédition du capitaine Carey. Il était près de cinq heures. Saisi d'inquiétude, il alla, sans descendre de cheval, avec son escorte du côté par lequel le Prince devait revenir : a trois kilomètres du camp environ, il entendit le galop de plusieurs chevaux et vit arriver comme un tourbillon le capitaine Carey, suivi à longue distance par ses hommes.

« Les soldats anglais ont la terreur de ces embuscades de sauvages, qui ne font jamais de prisonniers et qui massacrent tout.

« Carey était lancé à fond de train, tellement, disait le **général Wood**, qu'il me dépassa sur la route. Lorsque je le rejoignis, son cheval tremblait sur ses jambes et ses flancs battaient comme après une course folle. Lui-même semblait en proie à la plus violente émotion.

— « Où est le Prince Impérial ? lui dis-je aussitôt.

— « Nous sommes tombés dans une embuscade, répondit Carey ; le Prince est tué. Il a été frappé par une balle ici — et il porta la main à sa tempe. —

Comme nous nous mettions en selle, nous vîmes les blés qui nous entouraient remplis de Zoulous qui tirèrent sur nous une décharge de mousqueterie. Le Prince tomba ; nous partîmes au galop. Deux cents yards plus loin, son cheval nous rejoignait. Deux autres hommes sont tués.

« Le cheval du Prince, en effet, avait rejoint les fuyards et, en rentrant au camp, le groom put constater que rien n'avait été touché dans le harnachement, qu'il avait fait soigneusement lui-même au moment du départ. Il vit alors le quartier de la selle déchiré et comprit comment tout s'était passé.

« Carey mentait pour excuser, sans doute, la lâcheté de sa fuite ! Les Zoulous n'avaient pas d'armes à feu, tandis que sa petite troupe était très en état de se défendre.

« Le général Wood, profondément

affecté, revint au camp, où la consternation se répandit à cette terrible nouvelle.

*
* *

« Les camarades du Prince voulaient partir immédiatement pour le venger, pour ramener, du moins, sa dépouille. La nuit approchait, on décida d'attendre au lendemain.

« Le lendemain, 2 juin, au lever du jour, un corps de troupe quittait le camp. On arriva sur les bords de la rivière d'Ityotyozi, non loin du lieu où la lutte avait eu lieu. Sur la terre nue, le corps du Prince fut retrouvé. Il était étendu sur le dos, la face tournée vers le ciel, entièrement dépouillé de ses vêtements. Les sauvages avaient respecté une petite chaîne d'or avec un médaillon et quelques médailles qu'il portait à son cou depuis son enfance.

« Le corps du Prince avait été frappé de dix-huit blessures, faites par les assagayes, ces courtes lances à larges lames si redoutables, maniées par la main exercée des sauvages.

« On l'enveloppa d'un manteau de soldat pour le rapporter au camp et, chacun des hommes de l'expédition ayant apporté une pierre, on forma une sorte de tumulus pour marquer le lieu où le Prince Impérial avait péri.

« Si une main dévouée avait retenu le cheval, effrayé par la brusque apparition des Zoulous, le Prince aurait pu se mettre en selle et rien ne serait arrivé.

« A quoi tiennent les destinées, grand Dieu !

« MEMOR. »

Nous ne croyons pas qu'un homme sérieux ait jamais affirmé que le Prince avait été poignardé ou égorgé. Il est mort

11.

les armes à la main frappé de dix-sept coups d'assagayes. Il est mort en vendant chèrement sa vie, en se défendant jusqu'à la dernière minute. Mais ceci ne prouve pas qu'il n'a pas été attiré dans un guet-apens. Les loges maçonniques qui avaient porté la sentence n'avaient certainement point désigné les F∴ qui devaient frapper le Prince. Pourquoi se seraient-ils en effet donné cette peine eux-mêmes? Le Prince était parti à la guerre. Ne valait-il pas mieux l'attirer dans un guet-apens, le faire tomber dans une embuscade d'où il ne pourrait jamais sortir, que de le frapper d'un coup de poignard? Assurément le poignard eut donné si le Prince était resté en Angleterre. Sa mort était résolue depuis longtemps, mais il valait bien mieux laisser aux assagayes des Zoulous le soin de remplacer le poignard maçonnique. Non, le Prince est mort bravement en soldat, mais il est mort assailli par un ennemi qui avait été placé là tout exprès pour le massacrer.

« Carey mentait pour excuser la lâcheté de sa fuite, dit *Memor*. Les Zoulous n'avaient pas d'armes à feu. »

Pardon ! Lorsque Carey disait que le Prince avait été tué par une balle, il croyait fermement ne pas mentir. Le Prince devait ainsi mourir. Le hasard et l'inexpérience des sauvages à manier les armes à feu en ont fait autrement. Quant à prétendre que les Zoulous n'avaient pas d'armes à feu, c'est là une légère erreur. Les dépositions officielles des volontaires Anglais nous le prouveront facilement.

« A cet instant, dit le sergent Willis, fut soudainement tirée une volée de coups de fusil. »

« A quelques mètres du kraal, dit le caporal Grubb, une balle frappa Abel dans le dos. »

Quelques lignes plus loin, le même Grubb ajoute :

« D'après la blessure de la balle qui a frappé Abel, j'ai reconnu que c'étaient des fusils Martini Henry. »

Il nous semble, après cela, que les Zoulous avaient des fusils, et même excellents. Il est bon d'ailleurs de faire remarquer que c'est la seule fois durant toute la campagne qu'on trouva des Zoulous armés de fusils Martini. Où les avaient-ils pris ? Mystère et F∴ M∴ !

CHAPITRE XII

Les Honneurs funèbres

Il y a un éloge que mérite à tous titres la nation anglaise. Elle sut rendre avec un tact parfait l'hommage le plus éclatant au malheureux Prince tombé pour elle.

Voici en quels termes fut annoncée à la Chambre des Communes d'Angleterre la fatale nouvelle de la mort du Prince Louis-Napoléon :

M. Bennett-Stanford et M. Puleston se lèvent, à deux heures moins vingt-cinq minutes, pour demander si, en présence de la grande anxiété qui règne, le gouvernement voudra donner des informations sur la triste nouvelle qu'il a reçue de l'Afrique méridionale.

« Le colonel STANLEY, ministre de la guerre. — Je me lève avec un sentiment de profond regret, qui, j'en suis certain, sera partagé par toute la Chambre, pour lire un télégramme que je viens de recevoir du général lord Chelmsford, et qui est arrivé aujourd'hui par la voie de Madère. Il est daté du camp, à sept milles au-delà de la rivière du Sang, montagne de Keletzi, le 2 juin, et est ainsi conçu :

« Le Prince Impérial, *agissant en vertu*
« *d'ordres du quartier-maître général*
« *adjoint*, est parti en reconnaissance le
« 1er juin, a poussé à cheval jusqu'au lieu
« de campement le 2 juin, accompagné par
« le lieutenant Carey du 98e régiment, six
« hommes de troupe blancs et un Zoulou
« ami. Toute la troupe fit halte et descendit
« de selle à dix milles environ du camp.
« Juste au moment où le Prince donnait
« l'ordre de remonter à cheval, une dé-
« charge fut tirée au milieu des hautes

« herbes entourant les kraals. Le Prince
« Impérial avec deux soldats manquaient,
« et le lieutenant Carey parvint à s'enfuir et
« à atteindre le camp à la nuit.

« Les témoignages recueillis prouvent
« qu'il ne peut y avoir de doute que le
« Prince ait été tué.

« Le 17ᵉ lanciers et les ambulances partent
« maintenant à la recherche du corps.
« J'expédie cet avis immédiatement, dans
« l'espoir de ne pas manquer le courrier.
« Je ne savais pas que le Prince eût été
« chargé de cette mission. »

« J'ai la pénible satisfaction d'ajouter
qu'un télégramme postérieur a été reçu
depuis par mon très honorable ami le secré-
taire d'État aux colonies, annonçant que le
corps du Prince a été retrouvé. Je pense
qu'il n'est guère nécessaire que j'exprime
dans cette Chambre les sentiments de profond regret qui, j'en suis certain, sont ceux
de nous tous, sans distinction de parti
(bruyants cris de : *Écoutez! écoutez!*), à la
pensée qu'un jeune homme dont nous
sommes fiers de savoir qu'il a acquis une

partie au moins de son éducation militaire dans notre propre Académie militaire, et qui nous était uni par les liens de camaraderie les plus tendres, s'est vaillamment et volontairement offert pour rejoindre ses anciens camarades à l'heure des difficultés et du danger, et ait rencontré le sort qui, bien que pleinement digne d'un soldat, nous en a prématurément séparés. (*Acclamations sympathiques de toutes les parties de la Chambre.*)

« Nous devons tous éprouver la sympathie la plus profonde pour cette gracieuse dame (cris unanimes de : *Écoutez ! écoutez !*) qui a ainsi été privée de l'unique soutien sur lequel elle pouvait se reposer dans l'avenir. »

A la Chambre des lords, le duc de Cambridge annonce en ces termes la mort du Prince Impérial :

« Je suis sûr qu'il n'existe qu'un sentiment unanime de sympathie à l'égard de l'Impératrice Eugénie, cette mère illustre qui a tout perdu, et qu'un sentiment non moins unanime de respect pour la valeur d'un jeune Prince qui a trouvé si malheureusement une fin aussi prématurée. »

Le duc de Cambridge poursuit ainsi sa déclaration :

« Puisqu'il existe des incertitudes au sujet des circonstances dans lesquelles le Prince Louis est allé dans le sud de l'Afrique, il serait déplorable de laisser subsister un seul doute un seul moment. Je ne fais donc que remplir mon devoir en lisant les deux lettres particulières emportées par le Prince pour lui servir d'introduction auprès de sir Bartle Frere et de lord Chelmsford, lettres écrites par nous à la date du 25 février dernier :

« Mon cher lord Chelmsford,

« Cette lettre vous sera présentée par le Prince Impérial, qui va en Afrique pour son propre compte, pour voir, autant que cela se peut, la campagne prochaine contre les Zoulous. Le Prince est très désireux d'aller en Afrique. Il a manifesté le désir d'être enrôlé dans notre armée ; mais le gouvernement a considéré comme impossible de satisfaire à ce désir.

« Toutefois le gouvernement m'autorise à vous écrire, à vous et à sir Bartle Frere, pour vous prier de lui témoigner de la bienveillance et de lui prêter assistance pour qu'il puisse suivre, autant que cela sera possible, les colonnes d'expédition.

« J'espère que vous le ferez. C'est un excellent jeune homme, plein d'esprit et de courage, et comptant beaucoup de vieux amis parmi les cadets de l'artillerie. Il ne trouvera sans doute aucune difficulté à faire son chemin. Si vous pouvez lui venir en aide de toute autre manière, veuillez le faire.

« Ma seule crainte est qu'il soit trop courageux.

« Je suis, etc. »

Faisons immédiatement remarquer

combien cette lettre est peu claire et témoigne d'embarras de la part de celui qui l'écrit. Le gouvernement anglais n'a pas voulu enrôler le Prince dans son armée, et le duc de Cambridge, *général en chef*, espère, ne doute pas même qu'il ne trouvera aucune difficulté à faire son chemin.

La lettre adressée à M. Bartle Frere est à peu près conçue dans les mêmes termes.

Toutefois, elle fait davantage ressortir ce point, que le Prince va en Afrique comme simple spectateur.

Après la lecture de cette lettre, le duc de Cambridge ajoute :

« Chacun verra, par ces lettres, que rien n'a été fait par les autorités pour mettre le jeune Prince dans la position difficile dans laquelle il s'est malheureusement trouvé.

« Nous déplorons tous vivement cette mort, et je suis sûr qu'il n'y a personne à

la Chambre, personne dans le pays, et
la Reine la première, qui ne déplore profondément et vivement un pareil événement. »

Le duc, en terminant, renouvelle à
l'Impératrice et à toute la famille Impériale l'expression de sa sympathie.
Lord Beaconsfield dit alors :

« Je suis sûr que la Chambre a entendu
avec un vif intérêt la lecture des lettres
adressées à sir Bartle Frere et à lord Chelmsford par le duc de Cambridge. Bien que ces
deux lettres aient trait à un événement des
plus déplorables, je suis sûr aussi que vous
partagez tous le regret universel exprimé
par la nation, lorsqu'elle a reçu la nouvelle
de la mort d'un jeune Prince étranger désireux de servir sous le pavillon de la Reine
dans un pays lointain, et dont la vie a été
sacrifiée si cruellement, je dois le dire, sacrifiée sans aucune nécessité. (*Approbation.*)

« Le Prince, continue lord Beaconsfield, avait vécu depuis longtemps en Angleterre. Il avait reçu une éducation militaire qui lui aurait permis, j'en suis sûr, de montrer à l'occasion le courage héréditaire de la nation vaillante dont il était un des membres.

« Le Prince Louis avait reçu son éducation militaire dans nos écoles, et il y a laissé une renommée de bravoure, de probité, d'habileté, de vertu, ainsi que le souvenir de beaucoup de qualités affectueuses. (*Approbation.*)

« Il est impossible, dit encore lord Beaconsfield, dans un moment pareil, de ne pas reporter sa pensée sur une personne que la fin prématurée du jeune Prince intéresse plus profondément que toute autre. En pareille circonstance, je sais que toute consolation est inutile, impossible. Mais il peut venir un temps où la sympathie d'un peuple brave et grand pourrait être appréciée d'une mère désolée. (*Approbation.*) »

Lord Granville pensa qu'il devait, dans une si triste occurrence, ajouter un mot aux paroles émues que la Chambre venait d'entendre :

« La Chambre doit être heureuse d'avoir entendu le duc de Cambridge faire l'éloge des qualités et du caractère du jeune Prince. Toutefois, ajouta-t-il, je dois dire que, jusqu'à ce que des explications ultérieures aient été données, je partage parfaitement le regret exprimé par lord Beaconsfield ; je dois de plus espérer que des raisons seront données au sujet des circonstances qui ont eu des conséquences aussi funestes.

« Je puis seulement ajouter, en dehors de tout sentiment politique, que la sympathie de tout le pays s'étend non seulement au Prince, mais encore à son auguste mère, accablée par un malheur et une affliction presque sans exemple. (*Applaudissements.*) »

La séance est levée.

Arrivons aux jours des obsèques. Nous ne pouvons mieux faire que de prendre en son entier le récit du *Gaulois* :

A dix heures précises, la Princesse Mathilde, le Prince Napoléon et ses fils arrivent à Camden-House. Le Prince Napoléon porte le grand cordon de la Légion d'honneur.

Il reçoit les princes étrangers, qui sont successivement introduits, tous en grand uniforme.

A dix heures vingt, on annonce la Reine.

A dix heures vingt-cinq minutes, Sa Majesté la Reine, accompagnée des trois Princesses Royales, les Princesses de Galles, Alice et Béatrice, arrive devant Camden-House. Les voitures de la cour sont couvertes d'ornements de deuil. On a étendu un large tapis noir depuis les portes latérales de la maison jusqu'à une estrade construite pour la Reine, devant la porte principale.

L'estrade royale, rectangulaire, avec ses crêpes noirs courant le long des frises et ses rideaux de deuil flottant au vent, derrière lesquels la Reine verra tout à l'heure passer le funèbre cortège, est imposant à voir.

Il est onze heures moins cinq.

Les cadets de Woolwich, au commandement bref de leurs officiers, exécutent une conversion et viennent se ranger en carré devant Camden-House.

Onze heures. — L'affût, magnifiquement attelé et drapé, que je vous ai déjà décrit hier, vient se placer devant la porte principale.

A ce moment solennel, la Princesse Mathilde, la Princesse Eugénie Murat, se dirigent vers l'église. Les mêmes officiers qui portaient hier le cercueil l'apportent encore aujourd'hui et le placent sur l'affût. Ils sont en grand uniforme de parade.

Un roulement de tambour éclate lugubre, lent et sourd, puis gradué et bruyant, puis un premier coup de canon.

La Reine passe, suivie de la Princesse de Galles, des Princesses Alice et Béatrice.

La famille Royale gagne son estrade réservée. Trois coups de canon encore. Au quatrième, l'affût s'ébranle ; le cortège part ; la foule se met en marche. Les cordons du poêle sont tenus par les Princes ; MM. de

Bassano et Rouher remplacent les maréchaux, absents.

Les cadets défilent. Ils marchent un par un. Parmi eux, le vieux soldat Westhers, qui assista aux funérailles de Napoléon Ier à Sainte-Hélène et qui conduisit Napoléon III au cimetière de Chislehurst, suit en serviteur fidèle et désespéré ce cortège d'un enfant qu'il a vu naître. On a dit l'histoire touchante de ce vieux guerrier. Il pleure à chaudes larmes, et tout le monde le regarde avec compassion.

La musique militaire de l'école joue de nouveau la marche de Beethoven : *la Mort d'un héros*, qu'elle avait jouée avant-hier à Woolwich.

Les officiers d'artillerie royale qui ont apporté le cercueil sur l'affût se placent derrière le corps.

Puis vient le cheval de guerre.

Le cheval favori du Prince, *Stag*, est mené en main par Gamble, le vieux piqueur de l'Empereur. C'est le dernier cheval qu'ait monté le prince à Chislehurst. C'est un bai-brun superbe, que recouvre entièrement un long voile de crêpe avec étoiles d'argent et franges. Aux quatre coins du voile, des N d'argent.

Sous le voile apparaît la fameuse selle légendaire de velours rouge et or qui a appartenu à Napoléon III. Les étriers sont en or. La bride dorée scintille sous le crêpe. Le fronteau est orné de rubans plats rouges avec des crépinettes d'or. Sur la croupe, quatre nœuds noir partant de la selle.

L'effet de ce cheval derrière le cercueil est saisissant. A ses côtés marchent Uhlmann et l'ordonnance du Prince au Cap, couvert de décorations.

Enfin s'avance le Prince Napoléon, accompagné de ses deux fils et suivi des Princes et personnages officiels dont je vous ai télégraphié la liste, et parmi eux les ministres de la Guerre et des Colonies.

Puis viennent les députations avec bannières. Je lis, à mesure que les bannières défilent, ces noms, que j'envoie pêle-mêle :

« *Roubaix, — Tourcoing, — les Étudiants de Paris, — La Creuse, — Cambrai, — La Jeunesse française.* »

Sur les couronnes immenses que portent d'autres députations, je lis encore :

« *La Corse, — Le Nord, — Nîmes, — Le Gers, — le Pays, — Versailles, — Saint-Cloud, — Lille, — Arenenberg*, etc., etc. »

Avant les députations, marchent les jeunes amis et légataires du Prince ; derrière les députations, une foule énorme s'avance, difficilement contenue par les cordons d'artilleurs et de volontaires du Kent, qui forment la haie.

Dans cette foule se trouvent représentées toutes les positions sociales. A côté de paysans bas-bretons marchent des ouvriers parisiens, qui coudoient des artistes de la Comédie-Française : M mes Bianca et Sarah Bernhardt; Gaillard, M me Nilsson. Tous les Français qui résident à Londres sont là, et parmi eux le comte Hallez-Claparède, M. Martini. A côté de moi marchent M. Tarbé, ancien directeur du *Gaulois*, le vicomte de Casa-Bianca et la vicomtesse, M. et M me de Coselbonne, M. Lucien Biadelli, M. Ernest Lota, ancien substitut, etc., — réunis par le courant de la foule.

Celle-ci devient de plus en plus serrée, et, malgré les policemen, l'infanterie, la cavalerie, malgré les efforts des commissaires français désignés à Camden — et parmi lesquels je cite le prince Poniatowski, MM. Levert, Busson-Billault, de Moustiers, malgré les officiers de la maison Impériale et M. Léon Chevreau, qui veille à tout avec un tact infini, — au sortir des grilles, un instant de désordre et de confusion se produit.

Quelques personnes rétablissent immédiatement l'ordre, et parmi elles, MM. Édouard André, Dréolle, Feuillant, Alexandre de Girardin, qui marchait auparavant à la tête d'une députation avec couronnes, avec MM. Raimbaud et Davilliers.

Au milieu des officiers de la maison Impériale, nous avons remarqué la profonde tristesse de MM. d'Espeuilles et Duperré, les seuls officiers qui, ayant été attachés au Prince, ont obtenu du gouvernement l'autorisation d'assister aux obsèques.

Nous marchons pendant trois quarts d'heure au milieu du bourdonnement im-

mense de la foule, que percent les sourds
éclats des musiques en sourdine, et qu'ac-
compagnent les roulements des tambours
et les grondements du canon.

Nous arrivons enfin à la petite église
catholique de Chislehurst.

Sur le seuil apparaît le clergé diocésain,
avec Mᵍʳ l'évêque de Southwark et l'abbé
Goddard.

On entre dans l'église. L'ordre du cortège n'est pas modifié.

Les princes étrangers sont tous en uniforme : le prince héritier de Bade, le duc de
Teck, le prince Christian, le prince Henri
de Monaco, le duc de Battenberg, un grand
nombre de membres de l'aristocratie anglaise.

La petite église de Sainte-Marie, comme
je vous l'ai dit en détail, est toute tendue de
noir.

L'évêque de Southwark officie. On n'a dit
qu'une messe basse. Mᵐᵉ de Caters a fait
entendre sa superbe voix. Mᵐᵉ Christine
Nilsson, qui avait offert également de chan-
ter, pleure à chaudes larmes, beaucoup

d'émotion et un peu, sans doute, du refus qu'elle a éprouvé.

Le catafalque est placé selon l'usage ; aux quatre coins se tiennent : le général d'Espeuilles, l'amiral Duperré, le comte de Ligneville, M. Bachon.

Dans l'intérieur de l'église, le Prince Jérôme, ses fils, la Princesse Mathilde, M. Rouher, et tous les ambassadeurs.

Seul l'ambassadeur de France manquait. Jusqu'à six heures, les officiers de la maison du Prince resteront dans l'église, se relevant d'heure en heure.

Pendant la cérémonie, la foule a attendu, patiente et émue, massée autour des troupes et du bataillon des cadets de Woolwich, qui, au moment de l'absoute, a exécuté trois salves de mousqueterie.

A la fin des prières, le défilé a commencé devant le cercueil. Impossible de vous dire les touchantes manifestations qui se sont produites à ce moment.

Je suis resté près d'une heure à voir passer les assistants, et je n'en ai pas vu un seul qui eût les yeux secs. A certains moments, il y avait comme un concert de lamentations déchirantes dans la petite église.

Après la cérémonie, qui a été terminée à deux heures, et sur le désir exprimé par l'Impératrice, la Princesse Mathilde s'est rendue à Camden-Place. Elle a été reçue aussitôt. L'entrevue a été on ne peut plus touchante.

M. Rouher, accablé de douleur, a reçu des témoignages de sympathie universels.

Quant à l'abbé Rooney, qui a accompagné le corps du Prince Impérial depuis le Cap jusqu'à Chislehurst, il a été l'objet d'une manifestation de reconnaissance des plus attendrissantes. Chacun a tenu à le remercier pour sa noble et généreuse conduite.

L'abbé a raconté qu'il ne pouvait dire la messe à bord, n'ayant pas de pierre consacrée. Il récitait les prières sur le pont, devant les marins catholiques. Le colonel Pemberton et les officiers de l'*Orontes* ont témoigné avec émotion de l'attitude pleine de dignité et de pieux respect que le vénérable prêtre n'avait cessé de tenir pendant toute cette douloureuse traversée.

J'oubliais de vous signaler un fait intéressant. A son arrivée, ce matin, le Prince Jérôme est allé s'agenouiller devant le catafalque, à Camden, et a jeté l'eau bénite sur la chère dépouille.

Le Prince a présenté lui-même ses deux fils à la Reine. Elle a fait au père et aux enfants un accueil cordial. Tous les Princes sont allés saluer le Prince Napoléon, en sa qualité de chef de la famille Impériale.

J'estime à dix mille le nombre des Français venus à Chislehurst. Quant aux Anglais, il y en avait certainement bien deux cent mille.

La Reine, à plusieurs reprises, a montré son étonnement de voir une foule si considérable de Français et d'Anglais. La population anglaise a été frappée du témoignage public que la Reine a voulu donner par sa présence sur l'estrade réservée.

Le général Simmons faisait remarquer que c'était la première fois qu'en Angleterre un cercueil était porté par des officiers anglais.

Le départ des grands dignitaires est subordonné à l'acte officiel des constatations.

Londres, 12 juillet. — Un détail à ajouter à ceux que je vous ai télégraphiés sur l'ouverture du cercueil :

Le docteur Evans, qui avait été plusieurs fois appelé à donner des soins au Prince Impérial, a fait l'examen des dents. Il en a reconnu certaines particularités dont il avait eu à s'occuper autrefois.

D'autres assistants ont reconnu aussi une ancienne cicatrice que le Prince avait à la main.

Le Prince Napoléon est descendu à Buckingham-Hôtel, la Princesse Mathilde à Bristol-Hôtel. Tous deux, de leur côté, ont évité de se montrer ou de recevoir.

Revenons maintenant au château pour décrire une scène déchirante.

La Reine, qui s'était agenouillée au pied du cercueil avant de se rendre à la tribune construite pour elle, avait vu défiler, du haut de cette estrade, tout le cortège.

Lorsque la foule se fut écoulée, elle descendit et revint au château, suivie des Princesses ses filles.

L'auguste veuve, triste et majestueuse, entre à Camden par la porte latérale, s'assied dans le grand salon parallèle au hall où reposait tout à l'heure le cercueil, fait appeler la duchesse de Mouchy, et la prie de faire dire à l'Impératrice qu'elle désire la voir.

Pendant que la Reine attend le réponse de l'Impératrice, la Princesse Béatrice se lève et entre dans la chapelle ardente, où il n'y a plus de cercueil, mais où brûlent encore les cierges, et qui est toute pleine du parfum des fleurs. La Princesse prend quelques-unes de ces fleurs et sort en pleurant.

C'est tout ce qui lui restera du pauvre mort et des rêves évanouis.

Cependant on hésite à aller troubler l'Impératrice dans sa douleur. Elle est dans un état lamentable.

Chaque coup de canon lui arrache un cri et détermine une crise nerveuse.

Pendant ces hésitations, la Reine, qui, elle aussi, veut voir une dernière fois la chambre du Prince, traverse la galerie, s'arrête devant la chapelle ardente, et de ses mains royales cueille une fleur dans le monceau funèbre et parfumé.

Elle monte dans la chambre du Prince, laissant en bas les Princesses royales, et précédée de la duchesse de Mouchy et du marquis de Castelbajac, qui, spécialement chargé de la recevoir, a rempli avec sa distinction habituelle cette haute mission.

Au moment où la Reine va pénétrer dans la chambre du Prince, le docteur Corvisart prévient Sa Majesté que l'Impératrice peut la recevoir.

La chambre de l'Impératrice est plongée dans une obscurité complète.

Au moment où la Reine y pénètre, la pauvre mère veut se lever ; elle retombe anéantie.

Alors, à tâtons, la Reine Victoria s'approche du fauteuil de l'Impératrice, et, sans pouvoir prononcer une parole, elle ouvre les bras et attire l'Impératrice sur sa poitrine...

Pendant quelques instants, les deux augustes affligées ont mêlé leurs larmes, et confondu leurs sanglots.

Enfin la Reine s'arrache à cette étreinte déchirante et descend accompagnée de la duchesse de Mouchy, de la vicomtesse Aguado, de Mlle de Lermina.

Les voitures de la cour s'approchent du perron. Le fidèle John Brown, dans sa livrée noire, ouvre la portière ; le valet de pied baisse le marchepied ; la Reine monte avec les Princesses ; les écuyers se rangent aux portières.

La Reine part.

Sa Majesté est rentrée à Londres par un train spécial, à midi.

L'attitude de la Reine et des Princesses anglaises a tiré des larmes de tous les yeux. Les Princesses ont toutes envoyé des couronnes, et, par une attention délicate, celle de la Princesse de Galles a été envoyée au nom de ses petites filles.

Même sympathie de la part des Princes, qui portaient tous l'uniforme de l'artillerie pour rendre hommage au défunt.

Un incident touchant :

Au moment de son arrivée à Camden, la Reine, qui voulait déposer elle-même sa couronne sur le cercueil, était tellement émue et tremblante, qu'elle a dû faire un signe au général Fleury, en lui disant :

« — Pauvre enfant ! Il a, en tout cas, bien mérité cette couronne. »

Le général Fleury l'a prise des mains de la Reine et l'a déposée sur le cercueil.

C'est une couronne de laurier !

CHAPITRE XIII

Ce qu'eût été le Prince Impérial

L'universelle douleur qui éclata par toute la France quand se répandit la nouvelle de la mort du Prince Impérial fit comprendre aux républicains que ce jeune homme de vingt-trois ans qu'ils venaient d'assassiner était le secret espoir du pays. Lorsqu'en entrant dans l'hôtel de M. Rouher, le 21 juin au soir, les députés de l'Appel au Peuple entendirent les sanglots partir des rangs de la foule qui attendait devant la porte, l'un d'eux, M. Robert Mitchel, s'écria tristement : « C'est aujourd'hui seulement que nous savons combien nous étions forts, et maintenant c'est trop tard. »

C'est que c'était bien le Prince accompli, incapable d'aucune faiblesse ni d'aucune défaillance! C'était bien celui qui, au lendemain même de la mort de son père, s'était juré de rendre à la France sa prospérité passée, en étouffant à jamais l'hydre de la Révolution et de la Franc-Maçonnerie. Aussi quand nous regardons autour de nous, quand nous voyons cet abîme de boue dans lequel nous nous enfonçons tous les jours un peu plus profondément, nous sentons encore davantage combien la perte a été grande, et nous nous demandons même, si elle n'est pas irréparable.

Ce qu'il eût été si Dieu lui eût permis de régner sur la France? Il eut été le sauveur.

Un de ceux qui ont été un de ses plus fidèles amis, un de ses plus intimes collaborateurs, M. Eugène Loudun, a tracé de lui ce portrait qui date de loin déjà :

« Je l'observais tandis qu'il marchait, et que je marchais à côté de lui : il a une taille svelte et une tournure distinguée; il est plus grand que l'Empereur; il en a la démarche, le nez busqué mais plus fin, des yeux doux, et qui s'agrandissent à certains moments, les yeux de sa mère.

« Il marchait lentement, s'arrêtant quelquefois et parlant toujours sans hésiter : une parole facile et simple.

« Il a cette qualité rare chez tout le monde mais particulièrement chez les jeunes gens, la modération dans la raison. Nulle exagération dans ses jugements; il connaît les hommes de ce temps, il apprécie leur valeur, il sait ce qu'ils sont comme moralité et comme talent. Modeste, il ne se fait aucune illusion; mais toujours il parle avec un ton d'autorité, comme s'il était déjà régnant;

« Je ferai cela! Cela sera ainsi! » sans emphase, et avec ce calme fort où se montre le maître de soi, qui se sent fait pour être celui des autres.

« Il a beaucoup lu et étudié : son instruction est variée, étendue, surtout dans l'histoire de France, de la Révolution, de l'Empire, l'histoire de l'Église.

« Maintenant en le regardant à distance, voici ce que l'on voyait :

« La qualité première de son esprit était une propension à saisir les sujets dans le sens qu'on appelle philosophique, en ce qu'ils ont de général, c'est-à-dire d'immuable et de vrai; faculté qui n'appartient qu'aux grands esprits, et qui suffit pour les déceler.

« Quelque soit le sujet qu'il traite dans ses lettres, il l'élève et l'agrandit par des réflexions nobles et d'une haute portée.

« Partout un sens droit, un jugement juste sur les hommes, sur les choses, sur l'histoire, et exprimé avec une précision qui montre la netteté de son esprit, la décision de son caractère, la force de l'homme fait : il était, en effet, un homme de quarante ans supérieur.

« Tous ceux qui ont pu voir les lettres où il expose ses idées, ses projets pour l'avenir de la France, en ont été surpris ; ils ne pouvaient trop s'étonner de la maturité et de la puissance d'un tel esprit. A certains mots, on s'arrête : celui qui parle ainsi est de la race de ceux qui mènent les peuples, un Napoléon ».

Cette page, qui restera comme une des plus belles qui aient été écrites sur la malheureuse victime du Zoulouland, n'est d'ailleurs pas le seul emprunt que nous ferons à M. Eugène Loudun. Pour bien montrer ce que voulait faire, et ce qu'eût fait le Prince Impérial, nous allons citer le projet de Constitution entièrement écrit de sa main, et que nous extrayons du *Journal de Fidus*.

MÉMOIRE

POUR SERVIR D'INDICATION A LA RÉDACTION D'UNE CONSTITUTION IMPÉRIALE
ENVOYÉ A M. E. L. PAR LE PRINCE IMPÉRIAL

Un pays de 36 millions d'habitants ne peut se gouverner selon les bases d'une Constitution démocratique qui veut que tous les citoyens participent à la direction des affaires publiques, et qu'elles ne soient le monopole d'aucun.

La complication des questions de politique proprement dites, de droit, d'administration, d'art militaire, accrue avec le développement des connaissances et l'extension de l'unité nationale ; l'inégalité prodigieuse intellectuelle et morale, qui distingue les rangs inférieurs des classes supérieures de la société (inégalité que le progrès des sciences et la division du travail n'ont fait qu'accroître), exigent que le gouvernement soit aux mains des meilleurs, et que les fonctions publiques soient des carrières.

L'obstacle matériel que notre centralisation politique et notre état social apportent au fonctionnement d'une Constitution démocratique (propre au gouvernement d'une ville de l'antiquité) a contribué à donner le pouvoir à une classe de *politiciens*, dont le métier est d'exploiter l'ineptie populaire, au lieu de remplir le rôle d'une aristocratie soucieuse de sa dignité et de la grandeur de la patrie.

L'incapacité des politiciens révolutionnaires par éducation et par métier, augmente l'influence des bureaux routiniers par habitude. Voilà pourquoi, en France, il n'y a que des transformations théoriques, radicales et intermittentes, et point de progrès continu.

Il est donc nécessaire, pour assurer le respect de l'autorité, la stabilité et le progrès des institutions, le fonctionnement des services publics, de recréer une *classe gouvernementale*, qui sera l'aristocratie de fait, dont Napoléon I⁰ʳ jeta les bases.

Au point de vue social, une aristocratie est également indispensable.

L'inégalité des fortunes, des professions, des talents, que la civilisation développe, détermine les différents milieux sociaux dont une société se compose.

L'équilibre social est-il stable? les milieux sociaux sont nettement tranchés; l'égalité règne dans chacun d'eux, et l'envie ne les divise pas. L'équilibre est-il troublé? les milieux sont mal déterminés, l'envie sépare les classes sociales, comme elle divise les individus.

Non seulement la constitution d'une classe gouvernementale détermine les préséances, la hiérarchie, mais encore elle forme une élite, qui, solidaire, unie, fière de son rôle politique, donne au reste de la nation un exemple moralisateur et dirige l'opinion publique.

Sans aristocratie, pas de société polie, pas de progrès dans les choses de l'esprit et les arts.

C'est au point de vue de l'honneur, du bon goût, de l'esprit, un jury compétent dont la sanction respectée élève les sentiments et stimule le mérite.

Une aristocratie, en France, ne peut être de droit, elle doit être de fait.

Pour la constituer, il faut : 1° relever les fonctions publiques, en les rendant, dans une limite, indépendantes du gouvernement central; créer une pépinière, en fondant des familles de serviteurs, des établissements d'éducation réservés à l'élite de la jeunesse. (Raturé par le Prince Impérial.)

On devra, sans revenir au régime féodal, sans violer l'égalité devant la loi, créer des familles gouvernementales, dont les enfants n'auront d'autre ambition que de servir la chose publique et de bien porter un nom qui rappellera souvent les gloires nationales.

Pour être homme politique, il faut, avant toute chose, posséder le caractère qui vous rend digne de commander aux autres; mais il faut aussi que l'éducation ait développé chez vous les sentiments qui donnent l'ascendant moral.

mépris public, et ne pourront lui échapper par l'obscurité de leurs noms.

Mais la masse héritera des qualités paternelles : pourquoi la race ne perpétuerait-elle que les traits physiques, et non les vertus morales ?

La constitution d'une aristocratie gouvernementale, en France, est rendue difficile par les nombreux partis politiques qui divisent le pays.

Prendrez-vous les membres de votre élite dans un seul parti? Alors, rien n'est fondé ; ce n'est pas le pays c'est votre cause que vous organisez; vous fondez des institutions politiques qui n'ont pas de racines, parce qu'elles ne surgissent pas de l'état social.

Prenez-vous, au contraire, les serviteurs et les directeurs du pays dans tous les partis? Alors, vous aurez à soutenir des luttes terribles contre ceux que vous aurez armés contre vous, et votre gouvernement, affaibli par des divisions intestines, ne pourra plus rien entreprendre pour achever l'ordre de la reconstitution sociale.

Cependant, c'est à ce parti qu'il faut s'arrêter : sans rien abdiquer de ses prérogatives, le gouvernement central doit attirer à lui tous les genres de mérites et tous les gens de cœur.

Leur demander l'abdication de leurs tendances politiques, serait se priver parmi eux des meilleurs.

N'exigez pas d'eux une fidélité qui ne peut être que superficielle, mais faites leur une place dans l'État, qui les honore sans vous menacer, et, à la seconde génération, si les partis politiques subsistent encore, la lutte, du moins, ne sera pas classe contre classe, croyance contre croyance, mais hommes contre hommes, les camps opposés ayant, sur une foule de points, une communauté de vues et de sentiments, qui mettront à l'abri les bases de l'édifice social, la grandeur de l'État.

Cette aristocratie ne peut être territoriale, elle doit être gouvernementale.

J'entends par aristocratie gouvernementale la reconstitution d'une classe ouverte d'hommes qui se donnent à l'État et occupent les fonctions publiques, et non pas le rétablissement d'une aristocratie de grands propriétaires que la fortune, la naissance, c'est-à-dire le hasard, désignent à l'honneur de gouverner.

Une tentative aussi réactionnaire rencontrerait d'abord, dans la nation prise dans son ensemble et dans ses parties, une résistance qu'il serait fou d'affronter, qu'il faudrait désespérer de réduire.

Mais, en admettant la chose possible, il n'en résulterait pas le salut de la nation.

Donner le devoir politique, soit à un seul homme, soit à une seule classe, c'est créer un état sans contrepoids, sans équilibre, parce qu'il repose sur une injustice.

C'est créer une aristocratie de grands propriétaires, c'est donner la puissance, non pas à l'élite de la nation, mais à une de ses fractions, la plus respectée, la plus influente, je l'admets, mais qui n'a pas qualité pour représenter à elle seule le pays :

1° Parce que l'on entre dans cette classe ouverte, non par le mérite de services rendus, mais au hasard de la fortune ;

2° Parce que l'on n'en sort pas, lorsque l'on a démérité, mais lorsque l'adversité entraine la ruine;

3° Parce que de deux choses l'une : ou les grands propriétaires ne s'occuperont plus de leurs terres, en en laissant le soin à des intendants, et n'auront pas d'influence ni de rôle local; ou bien, ils s'enfermeront dans leurs manoirs, vivront en fermiers et n'auront plus les qualités et les connaissances propres au commandement;

4° Parce qu'aucune ambition politique ne stimulera ces hommes, qui ne pourront obtenir plus qu'ils n'ont et on en verra se servir de leur pouvoir dans un intérêt privé, non dans un intérêt public;

5° Parce qu'enfin, en admettant une catégorie fondée sur la naissance, on viole le principe d'égalité devant la loi, qui n'est que l'extension de la grande révolution morale introduite par le Christ : *l'égalité devant Dieu*.

Une aristocratie d'*optimates* vraiment dignes de leur nom sera créée en France, lorsque l'on aura reconstitué les pouvoirs politiques et l'administration française sur les bases suivantes :

I. La souveraineté ne réside pas dans la majorité de la nation, mais appartient à l'ensemble des corps politiques constitués, qui représentent la France, *en dehors de la population française* (rature faite par le Prince Impérial), d'une façon permanente, d'accord avec le peuple et le souverain.

II. Les citoyens sont égaux devant la loi, mais ils jouissent de droits politiques différents, d'accord avec leur position sociale.

III. Le rang social n'est déterminé que par les fonctions ou charges que les citoyens remplissent; mais ces fonctions ou charges doivent être la propriété des citoyens, non vénales, mais données au mérite, et retirées à l'incapacité.

IV. Tout homme qui, par son talent, sa fortune, sa naissance, s'élève au-dessus du vulgaire, doit avoir sa place spéciale dans l'Etat.

C'est ainsi que toutes les forces vives du pays seront utilisées au profit de la nation.

V. L'accès aux charges est ouvert à tous;

et ceux qui les remplissent doivent être assez indépendants du gouvernement, pour que le favoritisme disparaisse et que l'élite de tous les partis puisse servir l'Etat sous un autre régime que le leur.

Quelles sont, aujourd'hui, en France, les forces sociales que les révolutions n'ont pas brisées ?

Telle est la question qu'il faut d'abord traiter, car c'est ce sol, que quatre-vingts ans de révolutions ont bouleversé, qui doit servir de base au nouvel édifice social.

Le Clergé, l'Armée, la Magistrature, qui représentent Dieu, l'honneur et la patrie, la justice, n'ont été qu'indirectement atteintes par les révolutions qui ont suivi le règne de l'Empereur, celui qui les a fondés.

Mais ces trois grandes corporations perdent, de jour en jour, de leur importance, et, confinées dans leur spécialité, on leur refuse l'importance qu'elles doivent légitimement exercer.

Pour que le Clergé, l'Armée, la Magistrature deviennent ce qu'ils doivent être, la colonne vertébrale de l'Etat, il faut :

1° Réorganiser leur recrutement ;

2° Leur donner une constitution forte, qui les dispense de la tutelle administrative ;

3° Leur conférer une représentation politique, qui confirme leur existence comme ordre dans l'Etat.

Mais ces trois grands corps ne constituent pas toutes les lumières et influences nationales.

A côté d'eux, il faut fonder l'ordre civil, conception de Napoléon Iᵉʳ, et pour cela cherchons dans la nation ses éléments constitutifs.

A côté du personnel trop nombreux des bureaux et employés du gouvernement, trop infimes pour jouer un rôle dans l'Etat, nous avons en France une catégorie de politiciens, que le parlementarisme développe ; c'est là, pour le moment, la seule aristocratie nationale.

Il la faut briser et extirper du sol.

A côté de ces tribuns, pour qui la popularité est une carrière, il existe, à l'état d'influence sociale et politique considérable, une classe de faiseurs d'affaires, juifs riches à millions, pour qui la spéculation est une carrière : ces hommes n'ont pas de religion, pas de patrie, pas de devoirs; et cependant ils ont la puissance que donnent d'immenses capitaux.

Il faut la ruiner; car tant qu'elle sera debout, l'immoralité et l'envie qu'inspire au pauvre la fortune mal acquise du riche rongeront la France comme une lèpre.

Il existe encore, dans notre pays, à côté de ces influences délétères, une caste nobiliaire privilégiée, non par les lois, mais par les préjugés et les usages.

Cette caste, qui contient les noms les plus illustres de France, n'a qu'une influence mondaine, mais son rôle dans l'Etat a disparu.

Rend-elle un service à la société française? Non, elle lui nuit, en subsistant à l'état d'institution démodée et inutile, elle empêche qu'une hiérarchie nouvelle se constitue chez nous et fixe le rang de chacun.

Sans heurter des préjugés respectables, sans briser des traditions glorieuses, il faut fondre peu à peu l'ancienne noblesse avec la nouvelle aristocratie, comme l'avait fait Napoléon.

Comme élément utile de constitution d'un ordre civil, je vois la grande Propriété foncière et l'institution de la Légion d'honneur.

La grande Propriété qui, avant 1789, était un mal économique et social, est devenue un bien, à ces deux points de vue.

Les grands propriétaires d'autrefois étaient des gens de cour; aujourd'hui, ce sont des agriculteurs. Ils vivent sur leurs terres, s'en occupent, comme de leurs paysans, et les mènent au feu, lorsque la patrie est en danger.

Encouragez les influences locales, donnez des occupations et des devoirs à remplir aux propriétaires fonciers, et vous verrez les liens qui doivent unir les classes entre elles, se resserrer, et les Provinces, et les hommes qui sont les membres du pays, se reconstituer et vivre de leur vie normale.

Quant à la Légion d'honneur, l'idée sublime qui a inspiré le fondateur de ma dynastie lorsqu'il l'a créée, s'est imposée à tous les gouvernements.

L'institution subsiste ; mais, comme nos autres institutions nationales, elle ne rend pas les services qu'elle doit lui rendre, car on l'a avilie en la subalternisant, en s'en servant comme de levier de gouvernement, comme de hochet de la vanité, comme de monnaie de singe.

La Légion d'honneur est la récompense donnée au mérite, de quelque nature qu'il soit, lorsqu'il s'allie avec les qualités d'homme de cœur et de bon citoyen.

Il faut laisser à l'Ordre la police et, en partie, le choix de ses membres. Il faut l'honorer de distinctions particulières, et lui donner une existence politique, en conférant aux chevaliers la situation de *notables*. De cette façon, l'Ordre reprendra son homogénéité et sa place dans l'Etat.

Les fonctionnaires civils hauts placés doivent avoir aussi leur situation sociale garantie et agrandie ; le moyen est de les rendre solidaires, de les choisir dans une même milieu, et de leur donner une place dans la représentation nationale.

Tels sont les principes qui doivent, comme je l'ai dit plus haut, présider *à la mise à exécution* (rature faite par le Prince Impérial), à la rédaction de la Constitution impériale.

Sans nier les progrès accomplis par notre siècle, *sans méconnaître les idées impériales, il est nécessaire* (rature faite par le Prince Impérial), sans vouloir se mettre dans le lit des Bourbons, il est nécessaire au salut de la France de lui donner des institutions, non qu'une vaine théorie, mais l'expérience des siècles consacre, et de lui rendre les traditions, *dans la limite du possible* (rature faite par le Prince Impérial), qui l'ont faite France.

NAPOLÉON.

Chislehurst, mars 1878.

MÉMOIRE COMPLÉMENTAIRE

POUR SERVIR A LA RÉDACTION D'UNE CONSTITUTION
IMPÉRIALE

Ce mémoire, écrit et signé par le Prince Impérial,
était annexé au premier mémoire.

PUISSANCE LÉGISLATIVE

Loi électorale.

Le but que la nouvelle loi électorale doit
s'efforcer d'atteindre est de déterminer nettement les devoirs et les droits des diffé-
rentes catégories de citoyens qui composent
la nation, afin de :

1° Faire cesser les scandales que les luttes
électorales engendrent ;

2° Faire disparaitre l'hostilité de classe à
classe, l'envie, le malaise social, qui pro-
viennent de ce que la place que chacun

14

occupe dans l'Etat est déterminée par le hasard ou l'intrigue ;

3° Mettre un terme aux empiètements du pouvoir législatif sur le pouvoir exécutif, en constituant un électorat stable ;

4° Soustraire la France au despotisme d'un homme, d'une assemblée, d'une foule, en lui donnant, par cette loi électorale, l'organe qui lui permettra d'exercer une action politique légitime.

A ceux qui, après avoir lu ce travail, trouveront que je m'occupe trop de baser sur des principes équitables la loi électorale, et pas assez de soigner le pays de sa lèpre, le *radicalisme*, je répondrai que ce qui est juste est tôt ou tard utile, et ne peut que profiter à l'œuvre de reconstitution nationale, qui place la grandeur du pays plus dans son âme que dans sa bourse.

A ceux qui me reprocheraient de nier le progrès accompli depuis 1789, et de vouloir retourner en arrière, je répondrai que la méthode déductive ou *à posteriori* appliquée aux sciences morales et politiques, est un progrès sur la méthode intuitive ou *a*

Ils se composent des grands corps de l'État:

1° Chambre des Pairs;

2° Représentants du Conseil d'État et de l'Administration;

3° Représentants de l'Armée;

4° Représentants du Clergé;

5° Représentants de la Magistrature;

6° De la Députation Provinciale.

V. Chambre des Députations Provinciales.

Les députés sont élus par les électeurs nationaux, à raison d'*un* représentant par 20,000 électeurs.

Les représentants de l'*Armée* sont: (désignés par le grand Conseil de la Guerre) 1° les généraux pourvus d'un commandement militaire; 2° les colonels en activité de service; 3° des officiers des régiments désignés par le corps d'officiers, à raison de deux ou trois par régiment.

(*A trouver un autre mode.*)

Les représentants de la *Magistrature* sont: 1° les conseillers de la Cour de cassation; 2° les conseillers maîtres de la Cour des comptes ; 3° les délégués des Cours d'appel, désignés par ces Cours.

Les représentants du Clergé sont : (*A désigner.*)

Les représentants des Provinces sont : 1° les *Gouverneurs de province;* 2° les préfets; 3° les conseillers d'Etat, les représentants des ponts et chaussées, des mines, etc. (*Rechercher dans le personnel des ministères les fonctionnaires qui ont droit de siéger ou de déléguer un mandat.*)

Pour donner une place aux hommes de *science* de France, peut-être serait-il bon de donner une représentation à l'Institut et à l'Université.

Pour constituer la Légion d'honneur, faire une représentation des chevaliers.

Tout chevalier, non Pair de France, non représentant du Clergé, — ou de l'Armée, — ne siégeant pas de droit, comme magistrat ou grand fonctionnaire, et ne faisant pas partie de la délégation Provinciale, devra siéger au banc des chevaliers, s'il est délégué par l'Ordre.

La *Représentation Provinciale* est la

Chambre nommée par les assemblées Provinciales annuellement.

La représentation du peuple est nommée de la façon suivante :

L'autorité prépare aux chefs-lieux de canton les locaux où doivent se tenir les assemblées primaires, qui ne doivent excéder 1,000 personnes, ou descendre au-dessous de 500.

Nul ne peut faire partie des assemblées primaires s'il n'est muni des pièces faisant foi de son identité et de ses droits électoraux. Il n'est demandé aucune condition de séjour et de droit de cité.

Les citoyens peuvent voter à telle assemblée où leur semble bon. Il ne sont pas tenus de voter à la même assemblée, lors du deuxième tour de scrutin.

Les assemblées peuvent se concerter sur le choix des candidats à soutenir, par voie d'adresse.

Les présidents des assemblées sont nommés par l'autorité et responsables de la police.

Toute espèce de campagne électorale est

interdite : pas de réunions publiques; pas de distribution de journaux.

(Cet article doit être maintenu en vigueur, tant que la France n'aura pas de mœurs politiques autres qu'aujourd'hui, et que la graine de *politiciens* sera là, dans le sol, prête à germer aux premiers rayons du *soleil de liberté*.)

Sont électeurs primaires tous les citoyens français jouissant de leurs droits politiques et civils, et n'étant pas membres des Assemblées municipales, — provinciales, — des grands corps de l'Etat, officiers de l'armée, magistrats, *prêtres chargés d'une cure* (raturé par le Prince Impérial), ces catégories étant déjà représentées dans le Congrès.

Les *Etats Provinciaux*, qui nomment annuellement la délégation provinciale siégeant à Paris, sont composés :

1° Des membres y siégeant de droit ;

2° Des membres nommés par des corporations spéciales d'électeurs;

3° Des membres élus par les élections municipales.

A. — Les membres siégeant de droit sont :

1° Les hauts fonctionnaires de la province, préfets, etc., n'ayant pas le vote de délégation;

2° Les hautes autorités sociales, les propriétaires terriens les plus fortement imposés;

3° Les pairs de France propriétaires dans la province;

4° Les archevêques, évêques, etc.

B. — Les membres délégués par des caté gories de citoyens sont : 1° les représentants des chevaliers de la Légion d'honneur; 2° des Universités; 3° du commerce et de l'industrie (?), etc.

C. — Les élus par les Assemblées municipales. — Lorsque l'Assemblée municipale n'est pas assez nombreuse pour nommer un représentant, elle s'entend avec une ou deux Assemblées municipales de la province pour nommer un représentant commun.

L'Assemblée Provinciale ne doit pas excéder deux cent cinquante à trois cents membres environ.

Elle doit être partagée en trois catégories égales, ou à peu près, en nombre.

L'Assemblée municipale, dans une grande ville, se compose de trois catégories de membres :

Ceux siégeant de droit :

Ceux délégués par le commerce, l'industrie, la Légion d'honneur, les corps savants, etc. ;

Ceux élus par les électeurs municipaux.

Dans une petite commune, elle ne compte que deux catégories : les membres de droit ; les membres élus par les conseillers municipaux.

Les électeurs municipaux sont les citoyens de la commune, jouissant de ce qu'on eût appelé autrefois les *droits de bourgeoisie*.

Les droits de cité sont accordés par les notables de la commune aux habitants, qui, un certain séjour, etc., paraissent dignes de participer aux affaires de la ville.

Les habitants peuvent avoir recours au Conseil d'État, en cas d'injustice qui leur serait faite par le Conseil municipal.

Ainsi, par cette loi électorale, se trouvent

constituées six classes de citoyens ayant un pouvoir politique différent.

1° Les électeurs *primaires*, ne votant qu'une fois tous les six ou huit ans, et en cas d'appel au peuple ;

2° Les électeurs *municipaux*, qui, en plus des droits des électeurs primaires, possèdent le droit de nommer les élus municipaux ;

3° Les *notables municipaux*, qui nomment les élus provinciaux ;

4° Les *notables provinciaux* ;

5° Les *fonctionnaires*, magistrats, officiers, prêtres, chevaliers de l'Ordre national, qui sont représentés aux États de France ;

6° Les *pairs* de France.

Le but que j'ai voulu atteindre, en faisant cette ébauche, a été de déterminer par des exemples les principes un peu vagues, parce qu'ils sont généraux, qui me paraissent propres à relever le pays.

En établissant la solidarité entre les hommes d'un même milieu social, d'une même profession, vous réorganisez et l'État et la société, vous utilisez des forces vives qui s'affaiblissent aujourd'hui qu'elles n'ont plus d'emploi.

Pour que cette solidarité soit réelle, il faut que les droits politiques soient donnés, non à la bonne franquette, à telle ou telle catégorie de fonctionnaires, mais après mûre réflexion et longue étude, aux serviteurs de l'État, aux sommités sociales, qu'une communauté d'intérêts, qu'une égalité de position rend capables de fusionner. (C'est ce groupement que je n'ai fait qu'ébaucher et que je vous prie de revoir.)

Il faut que la position de chacun soit une, claire, nette.

Il faut que les charges soient des propriétés, comme les grades, et distinctes des fonctions qui ne donnent pas le rang social.

Il faut que le prêtre, le soldat, l'homme de robe, le fonctionnaire, ne retombent jamais dans le commun, qu'ils restent ce que leur profession les fait, dans tous les actes de la vie, même privée, et qu'ils n'aient dans l'État d'autre place que celle donnée par l'épée, la toge ou la soutane.

Je tiens à ce que les droits politiques ne

se cumulent pas, pour cette raison, mais pour deux autres encore, d'une importance capitale.

Si la loi électorale constitue, à côté des grands pouvoirs de l'État, une Chambre élue, même à plusieurs degrés, par l'ensemble des citoyens, tout contrepoids, toute institution parallèle sera illusoire, parce qu'ils n'auront pas, pour s'étayer, la force d'un principe. Cette Chambre, en effet, aura l'apparence de la souveraineté légitime, parce qu'elle sera la résultante de toutes les forces, mal coordonnées, il est vrai, de l'État.

Tandis que si l'assemblée du peuple n'est élue que par le peuple, elle ne pourra prétendre qu'à représenter le nombre, qu'à représenter une classe, la plus nombreuse peut-être, mais non le pays, puisque ni l'intelligence ni la fortune n'auront contribué à sa formation.

Je tiens à ce que les pouvoirs soient d'instincts aussi pour cette autre cause : toutes les classes sociales ont des intérêts opposés sinon différents.

Les confondre même au profit de l'élite du pays, c'est priver l'État d'un contrepoids utile ; et c'est établir une injustice, qui, si elle nous profite à nous, nuira à nos petits-enfants.

Les points essentiels de ce projet de loi électorale sont donc :

1° La reconstitution des catégories sociales ;

2° La reconstitution des groupes sociaux ;

3° Un système représentatif qui donne aux minorités une représentation correspondante.

Je crois que les idées qui l'ont inspiré sont justes, parce que la préoccupation des intérêts de parti n'existe ni dans ma cervelle ni dans mon cœur.

NAPOLÉON.

CONCLUSION

Au commencement d'août 1879, il parut en Allemagne une pièce de théâtre, mettant en scène le Prince Impérial, l'Impératrice et leurs deux plus fidèles amis : Rouher et Paul de Cassagnac.

En voici une courte analyse :

Un jeune Allemand, Paul Reinecke, fait prisonnier à Sarrebruck, avec sa femme et sa sœur, au moment où ils allaient relever les positions françaises, avait été relâché grâce à l'intervention du jeune Prince Impérial.

Quelques années plus tard, il part pour l'Angleterre, afin de remercier son sauveur. Puis il s'attache à lui, et lorsque le

Prince part au Zoulouland, il l'accompagne.

Le 1er juin, il était à quelques centaines de mètres du Prince, quand il entend les coups de fusils des Zoulous et aperçoit la fuite des volontaires anglais. Il se précipite, les Zoulous ont laissé là leur victime, qui expire entre les bras de son ami en murmurant : Trahison. Paul Reinecke prend le corps dans ses bras et s'écrie :

« Un Allemand ne vous aurait pas abandonné, mais l'Anglais a fui lâchement, fidèle à ses habitudes d'être fatal à la dynastie napoléonienne. »

Cette appréciation de la conduite du lieutenant Carey portée en Allemagne, quelques semaines après la mort du Prince, nous a donné l'idée d'étudier de près et les circonstances qui ont amené le départ du Prince et le drame d'Itelezzi.

D'ailleurs, l'opinion publique, en France, a toujours cru et croit encore à l'assassinat.

L'auteur de ces lignes qui n'était encore qu'un enfant en 1879, se rappelle que son grand-père, vieux Charentais à la foi robuste, un de ceux qui ont su mériter à leur pays le surnom glorieux de *Corse continentale*, annonça ainsi la mort du Prince : « Ces gredins l'ont fait assassiner ! »

A ce moment, l'enfant pleura. Aujourd'hui l'enfant devenu homme s'est souvenu de ses pleurs.

Il a écrit ce livre, pilori où il a cloué ceux que l'Histoire impartiale appellera les assassins du Prince Impérial.

Il l'a fait de bonne foi, après avoir soigneusement pesé tous ses arguments.

Et il attend sans crainte le jugement de ses compatriotes,

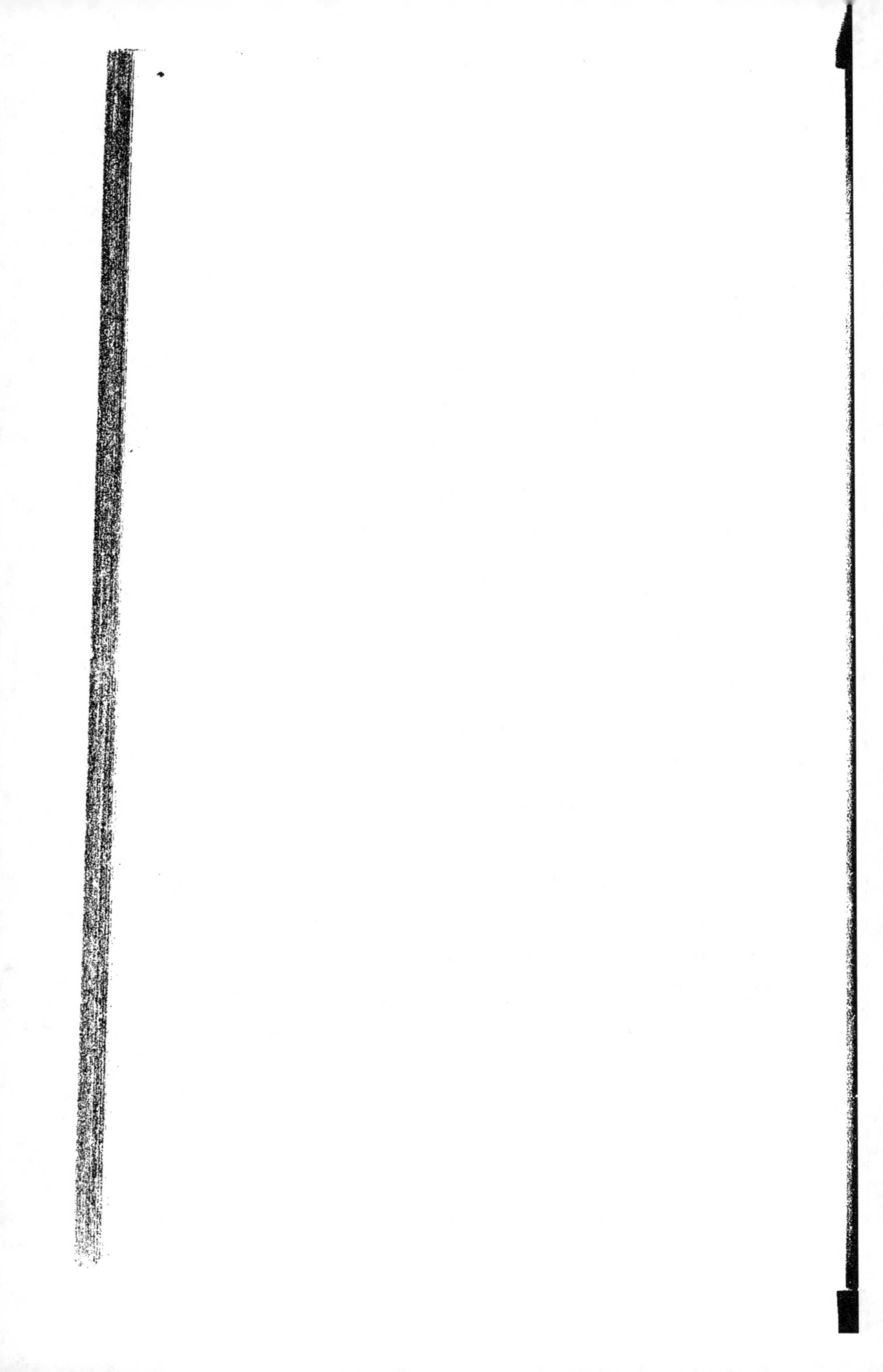

PIÈCES JUSTIFICATIVES

I

Rapport du lieutenant Carey

« Ayant appris que le Prince devait le 1ᵉʳ juin aller reconnaître le pays en avant de la colonne afin de choisir un emplacement pour le nouveau camp, je proposai de l'accompagner, parce que j'avais *déjà parcouru cette contrée* à cheval. Ma demande me fut accordée, mais le colonel Harrisson me déclara que je ne devais pas intervenir d'aucune manière dans ce que ferait le Prince, parce qu'il désirait lui laisser tout le mérite du choix du camp.

« Un moment avant de partir, n'ayant pas trouvé d'escorte préparée, je m'adressai à la brigade major de cavalerie. A 9 heures 15, six hommes du corps de cavalerie de Bellington vinrent se placer en bataille devant le quartier général.

« Avec ces hommes et un Zoulou ami, nous nous mimes en route. Six Basutos du camp de Shepstone avaient reçu l'ordre de venir avec nous.

« Avant de traverser Blood-River, nous les envoyâmes réclamer, et le messager revint en nous disant qu'ils nous rejoindraient sur la colline, entre les hauteurs d'Incenzi et d'Italzi. Nous renvoyâmes le messager avec ordre de ramener lui-même l'escorte. Nous aperçûmes à ce moment, à droite et à gauche, de fortes colonnes de Basutos, et nous mimes pied à terre au pied d'un monticule.

« Le colonel Harrisson arriva au galop, en nous annonçant que la cavalerie du général Marshall était en route. Je suggérai au Prince l'idée d'attendre le reste de l'escorte, mais il me répondit :

« Oh non ! nous sommes bien assez en force. »

« Nous gravîmes la côte rocheuse qui domine la rivière d'Ityotyosi, et *je proposai de desseller*; mais le Prince préféra de faire halte plus près de la rivière. Nous restâmes une demi-heure à prendre des esquisses du pays environnant, que nous fouillions avec nos lunettes. Ne voyant rien de suspect, nous descendîmes au kraal, dans la vallée, et nous dessellâmes nos chevaux. *On ne prit pas de précautions, parce qu'on ne s'attendait pas à la présence des Zoulous*, que rien ne trahissait nulle part.

« Le Prince était fatigué, et se coucha en dehors de la hutte; les hommes firent le café, et moi *je fus reconnaître* avec ma lunette. A 3 heures 55, je proposai de

15.

faire seller les chevaux. Le Prince me dit d'attendre encore dix minutes, mais il *en donna l'ordre* au bout de cinq minutes. J'avais sellé et *j'étais à cheval* lorsqu'on entendit un bruit suspect. Le *Prince commanda* de se préparer à monter à cheval.

« Je regardai autour de moi, et je vis *le Prince le pied à l'étrier*. Au même moment *je donnai l'ordre* de monter à cheval, et, comme les hommes se mettaient en selle, je vis, à environ vingt yards de distance, des Zoulous qui se précipitaient vers nous. Ils firent feu pendant que nous prenions le galop. Je croyais que tous les hommes étaient montés à cheval, et, comme *je savais que leurs carabines n'étaient pas chargées*, je jugeai que le meilleur parti à prendre était de nous échapper le long des herbes avant de faire halte.

« Connaissant la maladresse des Zoulous à tirer, je ne m'attendais pas à ce que l'un de nous pût être atteint. Lorsque nous approchâmes de la *donga*, nous dûmes faire volte-face pour surveiller la retraite. En me retournant, je vis un poste de Zoulous qui nous poursuivait pour essayer de nous couper la retraite au-delà de la colline.

« Après avoir traversé la donga sous un feu violent, un homme dit : « Monsieur, je crains que le Prince n'ait été tué ». Je m'arrêtai, et, voyant le cheval du Prince qui galopait de l'autre côté de la donga, je demandai *s'il était utile de revenir sur nos pas.*

« Les Zoulous avaient déjà dépassé *le terrain où le Prince était tombé.* J'attendis le retour de mes hommes, et je repris le galop pour traverser la rivière. »

II

Déposition du sergent Willis

Premier témoin : sergent Willis.— J'appartiens au corps du major Bettington. Nous quittâmes le camp ce matin, avec cinq autres de notre corps, sous le lieutenant Carey et un guide cafre, comme escorte du Prince Impérial. Nous suivions la même route qu'auparavant, quand on tira sur le Prince. Nous courûmes à cheval de neuf heures à midi trente; nous descendîmes alors de cheval pendant une demi-heure.

Nous poursuivîmes notre route jusqu'à trois heures, puis nous descendîmes une colline, vers un kraal, à environ cent mètres de la rivière Imbanam. Ce kraal contenait quatre ou cinq huttes, et le terrain était clair devant nous; mais tout autour, sur les côtés, s'étendaient

de hauts gazons et des moissons encore
debout. Nous reçûmes du Prince l'ordre
de détacher les selles et de mettre nos
chevaux à l'herbe.

Nous nous couchâmes en dehors des
huttes, et nous prîmes du café, tandis
que le Cafre *s'occupait de faire boire les
chevaux*. À trois heures cinquante, le
Prince dit :

— Donnons encore dix minutes aux
chevaux.

Le Cafre ramena les chevaux, et à quatre heures nous reçûmes l'ordre de seller.
Le Cafre dit qu'il avait vu, au-delà de la
rivière, un Zoulou gravissant la hauteur
opposée.

Nous sellions aussi vite que possible.
Le Prince donna alors l'ordre de monter,
ce que nous fîmes tous, à l'exception du
soldat Rogers, qui s'efforçait de saisir le
cheval qu'il conduisait. À cet instant
fut soudainement tirée une volée de coups

de fusil, et nous partîmes à la hâte, excepté Rogers, que je vis couché contre la hutte.

— Avez-vous vu le Prince?

— Je ne puis dire. J'ai vu deux hommes tomber de cheval. Mais, étant au galop, je ne pus voir qui ils étaient. A environ cinquante mètres en avant était une espèce de donga, et, quand nous rejoignîmes le lieutenant Carey, on nous dit que *l'ordre était* de gagner le camp du colonel Wood. Les Zoulous continuèrent de tirer sur nous pendant deux cents mètres. Nous arrivâmes au camp tous ensemble, à environ sept heures.

— A quelle distance était situé le kraal?

— A environ douze ou quinze milles de la rivière Blood.

— Quel était le nombre des Zoulous?

— D'après les coups tirés, je suppose une cinquantaine. Le caporal Grubb prit le cheval du Prince et le monta, conduisant le sien propre à la main. Je n'ai jamais revu le Prince.

III

Déposition du caporal Grubb

DEUXIÈME TÉMOIN : LE CAPORAL GRUBB. — Avant d'arriver au kraal, le Prince alla avec le lieutenant Carey, au sommet de la hauteur, faire des esquisses. Nous atteignîmes un second kraal, qui avait une enceinte en pierre pour les bestiaux ; mais nous y trouvâmes *deux ou trois chiens* et les traces du départ récent des Zoulous. Le gazon autour de nous était de six pieds de haut. Quand le Prince monta en selle, la volée de coups de fusil fut tirée à vingt mètres environ. Les Zoulous criaient :

— *Usutis !* Voilà les lâches Anglais !

Je me retournai : je vis les Zoulous, et

bai sur son cou, perdant ma carabine *chargée*.

Quand je me remis en place, je vis près de moi le cheval du Prince. Je ne pus m'en emparer, et je continuai ma route avec lui jusqu'au moment où je rejoignis le lieutenant Carey.

Le lieutenant dit :

— Il faut qu'on saisisse le cheval du Prince.

Je laissai mon cheval, et je montai celui du Prince et le conduisis au camp, Les Zoulous nous attaquèrent, mais nous leur échappâmes.

Ils continuèrent leur poursuite et leur tir jusqu'à ce que nous fûmes entièrement hors de portée.

Nous courûmes jusqu'à l'endroit où nous rencontrâmes le général Wood, le colonel Butler et deux hommes d'infanterie montée. Nous fîmes notre rapport, et ces messieurs, en regardant avec leurs lunettes, virent six Zoulous qui emmenaient nos chevaux. Je n'ai plus revu le Prince.

— Quel a été le dernier ordre donné?

— Le Prince commanda : « A cheval! » et je n'ai plus entendu d'autre ordre après celui-là; mais au bruit de la fusillade, je regardai le lieutenant Carey : nous piquâmes tous les deux et nous partîmes au galop.

— Combien y avait-il de Zoulous !

— Je pourrais dire qu'il y en avait quarante ou cinquante.

— Avec quelles armes tiraient les Zoulous?

— D'après la blessure de la balle qui a frappé Abel, j'ai reconnu que c'étaient des fusils Martini Henry.

— Avant de monter à cheval, comment étiez-vous rangés?

— Nous étions en ligne, le Prince nous faisait face; nous tournions le dos au kraal.

IV

Déposition du cavalier Cochrane

TROISIÈME TÉMOIN : LE CAVALIER CO-
CHRANE.— Nous avons marché, je crois,
vingt milles au-delà de la rivière, lorsque, vers dix heures, nous avons rencontré le général Wood à la tête de sa colonne, descendant la colline. Nous fîmes
alors un demi-tour à droite, et nous nous
dirigeâmes vers un kraal pour voir s'il y
avait quelqu'un : il était abandonné; et
nous marchâmes encore cinq milles dans
un terrain plat.

Le Prince ordonna alors de débrider
et de laisser paître les chevaux pendant
un quart d'heure.

Nous nous rendîmes ensuite à un kraal
entre la colline et la rivière.

Le Prince nous donna ordre de desseller.

Une heure après, le Prince commanda de seller les chevaux. Cela fait, le lieutenant Carey fit remarquer qu'il était trois heures et demie, et le premier fit le commandement de se préparer à monter à cheval et *ensuite de monter*.

J'étais près du Prince. Nous nous mîmes en selle, mais je ne le vis pas en faire autant. Il arrangeait quelque chose, je pense sa bride. Tout à coup une décharge de mousqueterie éclate contre nous, et des Zoulous jettent un cri formidable.

Les chevaux furent effrayés, et nous eûmes de la peine à les maintenir : quelques-uns s'échappèrent. Lorsque j'eus franchi la donga, à environ cinquante yards du kraal, je vis le Prince à pied ; je suivis le lieutenant : il ne donna pas d'ordre. Un quart d'heure après, Grubb et Willis nous rejoignirent, et nous dirent qu'Abel, Rogers et le Cafre étaient tués.

— Dans quelle direction courait le Prince ?

— Il courait après nous.

— Quel était le nombre des Zoulous qui le poursuivaient?

— Une douzaine à peu près, je pense.

— A quelle distance étaient-ils de lui?

— A peu près trois mètres ; ils avaient tous des fusils et des assagayes.

— A-t-on fait quelques tentatives pour vous rallier, pour vous faire faire halte, ou pour sauver le Prince ?

— Non…. nous n'avions en tout que trois carabines.

— Jusqu'à quelle distance avez-vous galopé?

— Environ deux mille sans nous arrêter.

— Quelqu'un s'est-il inquiété du Prince?

— Non : nous étions séparés.

TABLE

A LA MÊME LIBRAIRIE

JOURNAL DE FIDUS

LA RÉVOLUTION DE SEPTEMBRE

*Un volume in-18 jésus : **3 fr. 50***

Il y a là matière à nombreux emprunts pour i'historien, non qu'il faille accepter tous les dires de l'auteur : il est, en effet, le partisan, le fidèle de l'Empire, partant son avocat, et l'on ne doit pas se fier à une plaidoirie, mais s'en servir.

Spectateur Militaire, 15 août 1890.

Voici un récit pris sur le fait de ces temps douloureux du siège et du bombardement de Paris par les Prussiens. Il peint au vif les hommes et les choses... Il ne tiendra pas à Fidus que la réalité ne soit connue. C'est le meilleur éloge de sa franchise servie par un incontestable talent.

Polybiblion, mars 1890.

On sait combien Fidus est renseigné sur tout ce qui concerne le parti bonapartiste.

Justice, 3 décembre 1888.

Ce sont des mémoires personnels, intimes même, que nous lisons... L'auteur, mêlé de près aux événements, n'a négligé aucun des détails qui formeront un jour l'acte d'accusation soumis au jugement de l'histoire. Il sera certainement l'un des premiers parmi les témoins à charge contre les hommes de Septembre. Il sera aussi l'un des plus intéressants à consulter.

Soleil, 29 juillet 1889.

La Révolution de Septembre racontée par lui est un appât inévitable pour les fureteurs, et les historiens ne pourront jamais se dispenser de consulter ces notes concises et nourries de faits.

Moniteur de la Nièvre, 28 mai 1890.

A LA MÊME LIBRAIRIE

MARQUISE DE TAISEY-CHATENOY

A LA COUR DE NAPOLÉON III
Sixième mille

Un volume in-18 jésus : **3 fr. 50**

Après les souvenirs en surface de l'indulgente madame Carette sur la Cour de Napoléon III, voici les mémoires fort lestement retroussés de madame la marquise de Taisey-Chatenoy. On ne s'ennuyait pas aux Tuileries s'il faut en croire ces témoignages indiscrets. Ces révélations expliquent et justifient bien des regrets, et l'on comprend trop bien les retours de mélancolie dont ne peuvent se défendre, en traversant le Carrousel désert et vide, les survivants de ces temps joyeux.

Le Siècle, 26 novembre 1890.

C'est l'Empire intime que la gaie malveillance de la marquise de Taisey-Chatenoy nous dévoile crûment.

Revue du Cercle militaire.

La marquise de Taisey nous raconte aujourd'hui ses Mémoires. Elle parle peu d'elle ; en revanche, elle est sur les autres d'une indiscrétion rare.

La Bataille, 4 novembre 1890.

Ce sont des souvenirs personnels sur les réceptions des Tuileries et principalement sur l'élément féminin. En somme, livre amusant et même instructif, bien qu'il nous reste peu à apprendre sur les intimités impériales.

Le Jour, 1er décembre 1890.

La marquise n'engendre pas la mélancolie. Elle rafraîchit les événements avec esprit, pour n'en montrer que le côté plaisant ou ridicule, presque l'inénarrable ; et elle réveille les personnages de leur oubli pour cingler leur mémoire d'une satire. Elle a du goût pour ce qu'un autre siècle eût appelé la chronique scandaleuse. Elle sait qu'elle n'écrit pas l'histoire, sa tâche comporte donc une partialité qui en fait le piquant, et elle ne dissimule pas ses sympathies et ses antipathies, surtout ses antipathies.

Le Soir, 9 novembre 1890.

NAPOLÉON BONAPARTE

ŒUVRES LITTÉRAIRES

Publiées par Tancrède MARTEL

4 volumes in-18 jésus .... **14** *francs*

Le livre de M. Martel est plein d'admiration, d'enthousiasme et de vérité... Il met dans un format maniable le suc même de la correspondance et c'est excellent.

[*Lettres et Arts*, mai-juillet 1888.

Napoléon Ier fut réellement un grand écrivain, historien à la manière !de César et Xénophon, portraitiste comme Saint-Simon, orateur comme Périclès, pamphlétaire et satyriste comme Swift, journaliste même aux premières heures de sa vie politique...
Parmi les publications de ce temps, celle-ci marquera certainement comme une des plus curieuses.

Gaulois, 27 juillet 1888.

Bonaparte s'y montre écrivain de génie. Le fragment sur l'histoire de Corse est un des plus beaux mouvements de notre langue, l'expression d'une âme, déjà effrénée, mais encore pure... Aucun de ces textes n'est inédit, mais on ne les avait pas encore tous réunis en un recueil et il n'est certainement pas, dans la génération actuelle, dix personnes qui les aient lus.

Justice, 26 novembre 1887.

Imp. du Progrès. — Ch. Lépice, 7, rue du Bois, Asnières.

GEORGES BARRAL

HISTOIRE DES SCIENCES
SOUS NAPOLÉON Iᵉʳ

1 vol. in18 jésus .... **3 fr. 50**

Un admirable mouvement scientifique est né avec Bonaparte. Sous son influence personnelle et immédiate, il a pris un développement extraordinaire, sous le Consulat et l'Empire. Jamais on n'a vu pareille floraison de savants aussi illustres et de découvertes aussi fécondes. Le demi-siècle enfermé dans ces deux dates mémorables, 1769 et 1821, est marqué par les plus beaux génies scientifiques des temps modernes. L'histoire de cette époque merveilleuse, illuminée par les Berthollet, Carnot, Chaptal, Cuvier, Laplace, Lamarck, Delambre, Lalande, Larrey, Legendre, Guyton de Morveau, Monge, Fourcroy, Prony, Oberkampf, Vauquelin, etc., manquait à notre enseignement. M. Georges Barral en la composant a produit une œuvre patriotique et non de parti; elle remplit une lacune et arrive bien à son heure, aujourd'hui où la Science, la grande triomphatrice de 1889, peut se considérer comme la fille légitime de tous ces glorieux savants.

Le lecteur trouvera dans ce livre, écrit dans un style clair et coloré, nourri de faits et d'anecdotes instructives, non seulement le récit de la vie scientifique de Napoléon, de celle de tous les savants de son temps, mais encore un exposé des découvertes, des inventions et des fondations industrielles qui ont inauguré le dix-neuvième siècle.

Le Pays, 4 août 1889.

MÊME LIBRAIRIE

Envoi franco contre mandat ou timbres - pos...

GEORGES ABONNEAU
Cadet, de la Rousselle, 2e édition. 3 50

PAUL ADAM
En décor, 2e édition... 3 50

G.-ALBERT AURIER
Vieux, 2e édition... 3 50

...
L'Armée française et son Budget en 1890, 2e édition 3 50

J. BARBEY D'AUREVILLY
Polémiques d'hier, 2e édition 3 50
Dernieres polémiques, 2e édition. 3 50
Les 40 médaillons de l'Académie. 2 »

EL. BARRETT BROWNING
Aurora Leigh, trad. franç., 2e édit. 3 50

RAOUL BERGOT
L'Algerie telle qu'elle est, 2e édit. 3 50

GEORGE BONNAMOUR
Fanny Bora, 2e édition 3 50
La Songe d'une nuit d'hiver. 3 50

FRANÇOIS BOURNAND
Le Clergé sous la 3e République. 3 50
Les Sœurs des hopitaux, 2e édit. 3 50
La Terreur à Paris, 2e édition 3 50

CHARLES BUET
J. Barbey d'Aurevilly, sa vie et son œuvre, 2e édition 3 50

AUGUSTE CALLET
Les Origines de la 3e République. 3 50

Dr A. CORRE
Nos Créoles, 2e édition. 3 50

GEORGES DARIEN
Bas les Cœurs ! 1870-1871, 2e édit 3 50
Biribi, discipline militaire, 5e édit. 3 50

CHARLES DELALOUR
L'Armée française (1870-1890), 2e éd 3 50

LÉON DELBOS
Les 2 Rivales (Angleterre et France). 3 50

ABEL D'ONS
La Femme aux nymphéas, 2e édit. 3 50

Baron DE CASSE
Souvenirs d'un aide-de-camp du roi Jérôme, 2e édition 3 50

FIDUS (Journal de)
I. Paris assiégé, 1870, 2e édition... 3 50
II. Capitulation, Commune 1871 (2e) 3 50
III. L'Essai loyal (1871-75) 2e édit. 3 50
IV. Le Prince Impérial, 2e édition. 3 50

AUGUSTE GAUD
Caboche-de-Fer, 2e édition.. 3 50

GUY-VALVOR
Sadi, 2e édition 3 50

A. HAMON et GEORGES BACHOT
L'Agonie d'une Société, 2e édition. 3 50

G. LAFARGUE-DECAZES
SRAFL.—S. E. le Citoyen Vénal, 2e éd. 3 50

PASCAL LACROY
Metz et le joug prussien, 2e édition 3 50

JACQUES LE LORRAIN
Le Rousset, 2e édition. 3 50

NICOLAS LENAU
Poëmes et Poésies, 2e édition 3 50

HENRI LE VERDIER
Un Modèle vivant, 2e édition.. 3 50

FRÉDÉRIC LOLIÉE
Les Immoraux, 2e édition. 3 50

JEAN LOMBARD
L'Agonie (Rome IIIe siècle), 2e édition 3 50
Byzance (VIIIe siècle), 2e édition... 3 50

MARCEL LUGUET
Élève-Martyr, 2e édition ... 3 50
En guise d'amant, 2e édit. 3 50

JOSEPH MAIRE
Les Topasires, 2e édition... 3 50

MARC MARIO et LOUIS LAUNAY
Vidocq, le roi des voleurs, 2e édit. 3 50
Vidocq, le roi des amoureux, 2e édit. 3 50
Vidocq, le roi des policiers, 2e éd... 3 50

CHRISTOPHE MARLOWE
Théâtre, 2e édition, 2 vol............ 7
Couronné par l'Académie française

J.-H. MENOS
Lettres de Benjamin Constant, 2e éd. 5

ERNEST MERSON
Confessions d'un Journaliste, 2e éd. 3 50

GASTON MÉRY
L'Ecole où l'on s'amuse, 2e édition 3 50

EUGÈNE MOREL
Petits Français, 2e édition...

PAUL MONTROSIER
Le règne des vieux, 2e édition 3 50

FÉLIX NARJOUX
Francesco Crispi, 2e édition..... 3 50

L. NEMOURS GODRE
Les Cyniques, 2e édition.. 3 50
O'Connell, 2e édition... 3 50

J. PÈNE-SIEFERT
Flottes Rivales, 2e édition...... 3 50
Marine en danger, 3e édition. 3 50

A.-F. PISEMSKY
Théâtre, 2e édition... 3 50

PAUL PONSOLLE
Le Tombeau des Milliards : Panama, 2e mille. 3 50

HONORÉ PONTOIS
Les odeurs de Tunis, 5e édition 3 50

ARTHUR POUGIN
L'Opéra-Comique pendant la Revolution, 2e édition... 3 50

THOMAS DE QUINCEY
Confessions d'un Mangeur d'opium. 3 50

FÉLIX RABBE
Les maîtresses authentiques de Lord Byron, 2e édition. 3 50
Shelley, sa vie et ses œuvres, 2e édit. 4

REMY DE GOURMONT
Sixtine, 2e édition.... 3 50

AUGUSTE ROHLING
Le Juif selon le Talmud, 2e édition 3 50

ELZEAR ROUGIER
Naufrage d'Amour, 2e édition.... 3 50

VLADIMIR SOLOVIEV
La Russie & l'Eglise universelle. 3 50

Marquise de TAISEY-CHEVTENOY
A la Cour de Napoléon III, 3e édit. 3 50

LÉO TAXIL
La Ménagerie politique, illust.. 3e éd. 3 50

LÉO TAXIL et PAUL VERDUN
Les Assassinats Maçonniques, 4e éd. 3 50

***
La Triple alliance de demain, 2e éd. 3 50

CHARLES VINCENT
La Faim, 2e édition............ 3 50

FERNAND XAU et Me ALEXANDRE
La Question des Huissiers, 2e éd 3 50

Monseigneur ZALESKI
Ceylan et les Indes, 2e édition.... 3 50

Paris — Imp. de G. BALITOUT et Cie, 7 rue Baillif.

www.ingramcontent.com/pod-product-compliance
Lightning Source LLC
LaVergne TN
LVHW010942180726
843502LV00004B/1050